张家界民俗采英

熊仁先 编著

西北工业大学出版社

图书在版编目(CIP)数据

张家界民俗采英/熊仁先编著. —西安：西北工业大学出版社，2016.4
ISBN 978-7-5612-4813-3

Ⅰ.①张… Ⅱ.①熊… Ⅲ.①风俗习惯—介绍—张家界市 Ⅳ.①K892.464.3

中国版本图书馆CIP数据核字(2016)第093394号

出版发行：	西北工业大学出版社
通信地址：	西安市友谊西路127号　邮编：710072
电　　话：	(029)88493844　88491757
网　　址：	www.nwpup.com
印 刷 者：	陕西宝石兰印务有限责任公司
开　　本：	850 mm×1 168 mm　1/32
印　　张：	5
字　　数：	93千字
版　　次：	2016年5月第1版　2016年5月第1次印刷
定　　价：	25.00元

序

民俗是一个民族或一个社会群体在长期的生产实践和社会生活中逐渐形成并世代相传、较为稳定的风尚、习俗。它来自于人民，传承于人民，规范着人民，深藏在人民的行为、语言和心理中。我们置身其间却不为其所累，甘愿接受这种模式性规范的保护！民俗是一个民族古老的生命记忆和活态的文化基因，它体现着一个民族的智慧和精神！包含民俗在内的中华文明源远流长、博大精深，一直与中华民族整体发展的要求息息相关。以人为本的社会，必然尊重文化的多样性。无论这种文化是大众的还是小众的，都是珍贵的遗产，都应受到保护。作为文化的一种形态，民俗是既凝结在物质之中又游离于物质之外的思想结晶，它能够传承具体民族的历史、地理、风土人情、传统习俗、生活方式、文学艺术、行为规范、思维方式、价值观念等，是民族内部进行交流的普遍认可的一种能够传承的意识形态。从理论上来说，所有的文化都应是平等的。但是从文化的影响力来说，影响力越强意味着其生命力就越强。因此，文化的平等是由这种文化的影响力所争取的。

据考证,张家界境内20万年前就有人类在此居住,留下了许多古老的人文传说和民族习俗。建房习俗、婚嫁习俗、丧葬习俗、节日习俗、禁忌习俗等就是其中的精华所在。熊仁先生的新著《张家界民俗采英》,运用写实的文风,细腻的笔触,对张家界的民俗,特别是土家族的民俗精华分门别类地做了系统介绍,为社会各界了解张家界的民俗文化提供了一个很好的选择。

张家界境内居住着土家、白、苗、回、瑶、侗等少数民族,因此,张家界的民俗文化多彩多姿、精彩纷呈。土家族是一个历史悠久的民族,在我国55个少数民族中排名第七。土家族世居毗连湘、鄂、渝、黔的武陵山地区,张家界是土家族最集中的世居地之一。在与自然界和猛兽的斗争中,在与其他民族的融合中,土家族的先民们创造和积累了一系列独特的民俗,比如,为了适应多山的地势,建一栋房子从"选屋场"到"安家神"分15道严谨的工序;为了祈求五谷丰登、人畜兴旺,开春时节要跳茅古斯舞;等等。桑植境内的典型民俗——桑植民歌,其歌瑰丽多彩的语言艺术,独特的艺术表现手法,是与孕育它的地理环境、各族人民风俗习惯和特定历史背景以及各种民间艺术相互影响分不开的。这些来自洪荒年代的习俗,到了今天都是宝贵的非物质文化遗产。

同时,我们应该清醒地看到,随着现代工业的迅速发展、现代交通的不断延伸、计算机网络的密集覆盖以及农村人口向城市的持续迁徙,我们的非物质文化遗产保护面临着更多的困难,形势日益严峻。人们在创造新的文化的同时,也在消弭着珍贵的传统文化遗产,许多非物质文化遗产找不到传承人而濒临失传就是最好的例证。熊仁先生历经数载,笔耕不辍,终于完成《张家界民俗采英》一书,详细记录了张家界地区的建房习俗、婚嫁习俗、丧葬习俗等民俗文化,忠实解读了张家界境内土家、苗、白等少数民族的风俗习惯和文化基因,不仅可以很好地传播张家界的民俗文化,也为张家界民俗文化的保护、传承保留了第一手的宝贵资料。熊老先生不忘初心,情系家乡,成此大作,善莫大焉!

是为序。

贺小荣[①]

2016年2月于岳麓山下

[①] 贺小荣:2008年毕业于中国人民大学商学院旅游管理专业,获管理学博士学位。现为湖南师范大学旅游学院教授、旅游地理方向博士生导师,澳大利亚维多利亚大学旅游管理专业(校外)博士生导师,湖南智库联盟专家。主要从事旅游目的地管理、气候变化与旅游发展、非物质文化遗产保护与旅游开发、酒店特许经营等方面的研究。

目录

建房习俗

一、选屋场 …………………… (2)

二、选梁树 …………………… (3)

三、砍梁树 …………………… (4)

四、砍中柱 …………………… (5)

五、做梁 ……………………… (6)

六、排扇 ……………………… (6)

七、告磉磴 …………………… (7)

八、起扇 ……………………… (7)

九、祭梁 ……………………… (9)

十、开梁口 …………………… (10)

十一、上梁 …………………… (10)

十二、搭梁 …………………… (14)

十三、抛梁粑粑 ……………… (14)

十四、告祖升匾 ……………… (21)

十五、安家神 ………………… (23)

婚嫁习俗

一、请媒人 …………………… (25)

二、提话 ……………………… (26)

I

三、看屋场 …………………… (26)

四、合八字 …………………… (27)

五、发八字 …………………… (28)

六、求喜 ……………………… (30)

七、报日 ……………………… (30)

八、解礼 ……………………… (32)

九、告祖·升东·陪媒 ………… (34)

十、哭嫁·上头 ………………… (38)

十一、娶亲 …………………… (52)

十二、铺床 …………………… (59)

十三、回煞 …………………… (60)

十四、拜堂 …………………… (61)

十五、告席 …………………… (63)

十六、吃老上客酒 …………… (65)

十七、闹洞房 ………………… (66)

十八、开拜 …………………… (69)

十九、回门 …………………… (70)

二十、谢媒 …………………… (71)

丧葬习俗

一、下落气帐 ………………… (72)

二、赶信 ……………………… (73)

三、开路 ……………………… (73)

四、入殓 ……………………… (74)

五、做法事 …………………… （77）

　　六、闭殓 ……………………… （79）

　　七、出柩 ……………………… （80）

　　八、下葬 ……………………… （81）

　　九、报七 ……………………… （83）

　　十、拜新年与挂社 …………… （84）

生产、生活习俗

　　一、祭水神 …………………… （85）

　　二、开秧门与"糊仓" ……… （86）

　　三、栽捋蔸秧 ………………… （89）

　　四、打鼓薅草 ………………… （90）

　　五、水碾坊 …………………… （93）

　　六、香磨坊 …………………… （95）

　　七、打树 ……………………… （97）

　　八、铁锤扑鱼 ………………… （98）

　　九、烧猪脑壳纸 ……………… （100）

　　十、年粑 ……………………… （102）

　　十一、年糖 …………………… （104）

　　十二、腌菜 …………………… （107）

　　十三、农谚谣 ………………… （109）

节日习俗

一、过赶年 …………………（112）

二、上九日 …………………（114）

三、元宵节 …………………（115）

四、土地神生日 ……………（116）

五、三月初一抬毛菩萨 ………（116）

六、三月三扎蛇眼 …………（117）

七、清明节 …………………（118）

八、四月八 …………………（119）

九、六月六 …………………（120）

十、亡人节 …………………（120）

十一、二端午 ………………（121）

十二、本主庙会节 …………（123）

十三、火把节 ………………（124）

文化习俗

一、桑植民歌 ………………（126）

二、摆手舞 …………………（128）

三、茅古斯舞 ………………（130）

四、土地戏 …………………（131）

孝道・语言・医治习俗

一、孝道习俗 …………………… (134)

二、语言习俗 …………………… (138)

三、医治习俗 …………………… (138)

禁忌习俗

一、节日禁忌 …………………… (141)

二、生产生活禁忌 ……………… (142)

三、出行禁忌 …………………… (142)

四、语言禁忌 …………………… (143)

五、其它禁忌 …………………… (143)

后　　记

………………………………… (145)

建房习俗

人类祖先从洞穴居住到搭棚建房是人类文明的一大进步。

人一生中有半数以上的时间是在房屋中度过的。房屋是人类生存繁衍的基本条件。故唐代诗人杜甫在《茅屋为秋风所破歌》中发出了"安得广厦千万间,大庇天下寒士俱欢颜"的千古绝唱。

中华民族十分重视建房。这不仅是修屋费时费力,要耗费一定财力;还因为一栋新房少则住一两代人,多则住几代人。而且有了房才能进一步发展生产,安居才能乐业。建新房是人一生财富积累的耗用,是一家兴旺发达的标志。

在漫长的历史长河中,中华民族演绎了许多生动且富有哲理,体现人与自然和谐相处生动的建房故事。封建帝王为了江山永固命风水大师选好风水宝地,大兴土木修皇宫。民间庶民为了富甲天下亦精心挑选阳宅,巧妙布局,接纳吉气建院落。乔家大院、张谷英村、田家院子至今声名显赫。

官家注重修房，百姓亦注重修房。张家界人以自己的聪明才智谱写了一曲建房的文明和谐之歌。

一、选屋场

"屋场屋场，一屋之长，百年之基。"因而，张家界人十分看重屋场，选个好屋场，代代平安富贵。

"后有靠山，前有出路。"这是张家界人代代相传遴选屋场之要诀。屋后有山谓靠山。但靠山不能为孤立之山，必须山势逶迤连绵，山脉源远流长。有靠山根基才扎实。根基不牢，地动山摇。即使居住在河谷盆地的人修屋，也要依据山水脉络的整体走势，田地丘块高低错落的格局选定屋场，靠地、靠田、靠墩、靠墈等。

前有出路意为屋前有平台，有流水。一马平川，前程远大；通江达海，福禄绵延。

选屋场，张家界人奉信"三不宜"：座落在深谷不宜，山巅不宜，地势后空不宜。宋泓锡先生根据多年的考察与探究，总结出了张家界人还在延续的遴选屋场的"十条"原则。即"顺乘生气原则、整体系统原则、因地制宜原则、依山傍水原则、观形察势原则、地质检验原则、水质分析原则、通风采光原则、适中居中原则、改造风水原则"。遵循"南北百步无耀案，60年（60年为一个甲子）一扫而空；东西十步见高耸，千百烦愁不了"的古训。

大户人家请风水大师察山脉走势，察水脉走向选屋场，架罗盘定朝向。普通百姓选屋场则由一家之长选定。连续三天，在早、中、晚三个不同的时段，在已入眼的地方观光、望风、看山水来势。即看山脉走势、阳光在不同时段照射的角度、风吹的方向和强度、水之流向等确定屋向，接纳吉气。"阳宅宜取阔大粗雄，以纳吉气为重。"故选屋场首选朝向。

一个好屋场，倍受青睐，建房者或用是屋场面积几倍的良田置换，或用重金购买。有的甚至使出下三滥的手段谋屋场。据说慈利县河塔一财主相中一块屋场，田地主人不顾财主重金诱惑和持势相逼，硬不卖。老财主无计可施时，管家献"埋桩计"。在一个月黑之日，财主叫人悄悄在那块地里埋下界桩。三年后，财主把这块土地的主人告到县衙，县官叫人掘地三尺，挖出了界柱，昏庸的县官把这块田地判给了财主。财主阴谋得逞，在这块地上大兴土木，盖起了气势恢宏的院落。

二、选梁树

安放在屋脊上的木材谓梁。安放在堂屋屋脊上的木材叫主梁。屋场为一个院落带来福气，主梁为一家带来好运。主梁好，全家旺。家庭若有灾祸不断时，主人认为主梁不管事了，故有"换梁"之说。选主梁是张家界人修屋时仅次于选屋场的第二件大事。准备修屋时，主人会用几天甚至月余时光爬山钻林寻梁树。自家山林无梁树时，用重金购买他人山上的梁树。梁树找到了，才把木匠请进门，动手建房。

梁树要求高,材质要好,树干要直直端端。一般选用椿、松、樟等木。尤为重要的是树颠要分杈,有两个以上树颠,寓意为子孙后代兴旺发达。独木不成林,只一个树颠的树是不能做主梁的。

张家界有的地方还有"偷梁"之俗,即选中他人山上的梁树后,不与主人通气,悄悄砍回家再告诉主人,送上谢金,主人不恼不火。

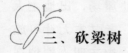

三、砍梁树

梁树不能随便砍,要选好吉日吉时。砍梁树只能由修屋房的一干木匠师傅中的掌墨师傅担当。砍梁树这天主人家气氛既热烈又隆重。砍梁树的木匠师傅坐首席,抬梁树的"龙头大哥"坐次席。大伙高高兴兴吃"砍梁饭"。席间东家给掌墨师傅和"龙头大哥"各一个红包,俗称"利市"钱。

到目的地后,主人在选定的梁树上系上红布,抬梁树的"龙头大哥"攀爬上梁树,在树颠系上绳索后,木匠师傅焚香化纸,手扶梁树吟唱:

"宝树生在何方,生在青龙山上,长在凤凰岗上。何人得知,何人得见?张郎得知,鲁班得见。主公请鲁班把树砍,锯下尺量一丈八,正合一匹好主梁。"

祭完鲁班,木匠师傅方挥斧砍梁树。抬梁树的人由"龙头大哥"领着站在一旁齐喊:

"头斧砍出路一条,儿子儿孙登朝堂;二斧修下发财路,黄金白银屋里流;三斧砍得木楂飞,儿孙满堂代代贵。"

梁树不能倒向下方,故梁树快砍倒时,抬梁树的一干人用事先系好的绳索拉,让梁树倒向上方。梁树倒地后,木匠师傅对主人说:"梁龙卧地四季春,恭贺主人得匹好主梁。"

梁树砍倒后,一般不掀不拖。按尺寸锯断后抬着回家。中途可换人抬,可用树杈撑着歇,但不能落地。梁树抬到家门口,主人放鞭炮接梁。梁树"接"回家不能放在地上,要放在预先制作好的"木马"上。梁树人不能坐,不能躺。被坐被躺,视为不吉利。

这一系列讲究给人们留下了许多敬畏与神秘之感。

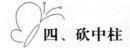 四、砍中柱

张家界以前的民居,一般是木房,每间房屋都有柱头,柱头有檐柱、京柱、中柱等之分。最高的一根柱头叫中柱,屋有多高,中柱就有多长。中柱上面放木梁,故中柱称"顶梁柱",尤以堂屋的中柱为要。中柱一般由材质好的笔直的粗大的椿树、杉树、樟树、松树做成。

张家界群山起伏绵延,林荫蔽日,万木葱茏,古木森森,山中多大树。因而,每家每户房屋的中柱都粗大挺直。

砍堂屋的中柱由木匠中的掌墨师傅担当,其它房间的中柱则由一般木匠承砍。堂屋的中柱砍倒后,不能在地上

拖、滚,由东家请的帮忙人抬回家放在滚木上,女人不能在中柱上坐歇。

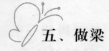

五、做梁

做梁由砍梁树的掌墨师傅担当。

做梁这天,主人先朝梁树焚香膜拜后,给做梁的掌墨师傅打"红包"。掌墨师傅收下"红包",在主人早已置办好,放有"刀头肉"、饭、酒的小桌前,祭祀木匠鼻祖——鲁班和相关神灵。拿上墨斗,站在梁树旁轻轻吟唱:

"圣祖在上,东家今日做主梁。墨斗一线笔而端直,长刨一刨,一坦平阳;短刨一刨,一路毫光。两头画的梭儿尖尖,中间画的月儿圆圆。弟子功夫不够到堂,请圣祖施法力帮忙。"

唱吟完,眯眼细瞄,一线定乾坤。掌墨师傅依据墨线做梁,一面平滑,一面成鱼脊背状。掌墨师傅在平滑一面的中间画上太极图,两端画上有凤来仪等吉祥图案。

《易·系辞》说:"易有太极,是生两仪,两仪生四象,四象生八卦。"故太极是派生万物的本源。在主梁上画上太极图,寓为主梁会庇佑主人发人发财发万物,平安吉祥,百世齐昌。这是张家界人把"一生二,二生三,三生万物"的古代朴素唯物主义思想在建房中恰到好处的应用。

六、排扇

排扇就是把木屋的柱、枋、棋筒等构件装配好。首先按中柱、京柱、前后檐柱的顺序排好柱头。柱头上面穿木枋，先串顶串、再拼装二串，三串，前后挑枋。枋上面串棋筒。

排扇由木匠指挥，众人抬的抬，搬的搬，打的打，团结协作，合力排扇。扇排好，用檩子支撑成倾斜状。

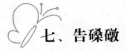

七、告磉礅

木匠排扇时，瓦匠告磉礅。

告磉礅就是安放磉礅。木屋的柱头放在磉礅上避免潮湿。磉礅由石头做好，一般成圆形。殷实人家会在磉礅上雕凿花纹。一般农户则把岩匠打凿出的磉礅抬回安告。磉礅大小与柱头底部尺寸基本相配。

告磉礅时，瓦匠手持铅锤线量出柱头间的距离，确定在屋基地安磉礅的位置。再用铅垂线丈量磉礅底面边线尺寸，在确定的安磉礅的地基上画上十字交叉线，用锄头在十字线的地面上挖一个浅坑为礅基。

告磉礅从堂屋中柱开始。瓦匠师傅奠酒化帛，焚香烧纸后，手持锄头挖土。边挖边唱：

"一挖金，二挖银，三锄挖下通天路，子子孙孙是贵人。"

三句赞词落音，主人送上"红包"。

八、起扇

起扇就是立屋，把已经排好的木排扇的柱头放在相应的磉磴上。

立屋人要多，特别是有力气的人要多。一排扇屋重数百斤，甚至上千斤。整体移动，没有力气是不行的。俗话说：修屋抬岩，缺力莫来。

起扇立屋从堂屋开始。木匠中的掌墨师傅神情肃穆，焚香化帛奠酒，一手执斧，一手抱雄鸡。唱开《起扇立屋词》：

"建起杨桥搭起台，主东请我起扇来。中柱站一对，檐柱站一双，亲戚朋友站两旁。此鸡不是非凡鸡，王母娘娘抱小鸡。头又高，尾又低，身穿五色花毛衣。白日里西山找食吃，夜晚梭罗树上梳毛衣。凡人拿起无用处，弟子拿起止煞气。东边修起文王庙，西边修起转角楼。斧子锉子叮当响，椽子檩条排成行。祥云起，紫云开，张郎鲁班下凡来。鲁班下凡无别事，专为弟子起扇来。一打封天忌，二打地无忌。天地阴阳百无禁忌。弟子眼望无煞气。信发斯人长发斯人，供果满桌各就各位。斧子一响，黄金万两；斧子二响，长发吉祥；斧子三响，各位弟子排整齐；斧子四响，弟子亲朋齐用力。"

一声高呼起，在掌墨师傅的指挥下，众人扛的扛，撬的撬，撑的撑，拉的拉，把一根根柱头移动至磉磴边，然后一声吆喝，把各个柱头同时撬上磉磴，一排扇"屋"巍然屹立在磉磴之上。

立屋这天，忌怕受伤见红。因此，掌墨师傅抱雄鸡避煞，主人也千叮万嘱要大家小心。而帮忙的人是主人的亲戚、朋友、邻居、族人等，也一心给主人送吉利，格外谨慎干活。因而立屋时，很少有破皮流血发生。据传，20世纪30年代，慈利县零溪河畔一财主立屋，支撑好的木排扇轰然倒下，砸倒一人，当场气绝身亡。财主即把所有木扇付之以炬，择址新建。

九、祭梁

祭梁是指祭拜堂屋的主梁。主梁摆放在一张八仙桌上，在上梁头日的夜深人静时举行。

主人在摆放主梁的大红八仙桌上点亮两支红烛。木匠中的掌墨师傅担任主祭。掌墨师傅神情庄严，焚香化帛上酒后赞唱：

"朱红桌子打一张，主梁放在桌子上，香花蜡烛二面排，我请主东把梁拜（这时，主人跪拜主梁）。一拜天长地久，二拜地久天长，三拜荣华富贵，四拜百世其昌。主梁主梁，生在何方？生在青龙山上，长在凤凰岗上。何人得知，何人得见？张郎得知，鲁班得见。张郎怎得知，鲁班怎得见？张郎云中走，鲁班云中行。谁人提斧把树砍，谁人把（用）尺量长短？张郎提斧把树砍，鲁班把尺量短长。大尺量来一丈八，小尺量来丈八长。头筒打起檐柱一对，三筒打起照面枋一付。只有二筒不长不短不小不大不弯不曲，正好做匹万代主梁。斧头二把，八路排行，砍倒主梁。墨斗二个，条条墨线笔而端直。介锯二把，沿墨线锯下。粗刨两把，刨得平平当当。细刨两把，刨得光而郎当（刨得平滑)。东家请起张郎和鲁班,做成一匹好主梁。两头画上梭儿尖尖,中间画上月儿圆圆,如同天赐落凡间。"

主梁祭后,不能再见天日,要用红布盖上,直到第二天上梁后,红布才能揭下。

祭梁,主人要给"墨斗"即掌墨师傅利市钱。

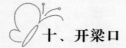

十、开梁口

每间屋的中柱上都有一根梁,堂屋的梁谓主梁。主梁放到中柱时要开梁口。开梁口就是在主梁两端打凿一个与中柱顶端凹形相合的榫头。开梁口由掌墨师傅进行。主人要焚香化帛祭拜主梁。掌墨师傅一手拿斧头一手拿凿子,唱开梁口赞词:

"两脚忙忙走,忙忙走。主东请我开梁口。右手拿起金斧头,左手拿上银凿子。先开东来后开西,开个罗马笑嘻嘻。梁口开得深,子子孙孙坐龙庭;梁口开得宽,儿子儿孙做高官。东西两边都开完,恭贺主东福万年。"

赞词唱完,主人奉上利市钱。掌墨师傅在主梁两端用斧、凿子开出梁口。

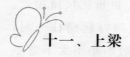

十一、上梁

上梁是修屋的大日,主人会选择吉日良辰上梁。

上梁时,木匠、瓦匠两人一东一西手托茶盘站在堂屋两根中柱前齐声合唱:

"上梁去上梁去，上梁要搭两张梯，搭在前檐出天子，搭在中檐出宰相，搭在后檐儿孙状元郎。说此梯道此梯，此梯不是凡间梯。凡人无事不可用，主东用作上梁梯，你上东来我上西，笑笑嘻嘻上梁去。"

赞完梯，木匠请主人再次拜梁。焚香膜拜后，木匠、瓦匠齐喊：上梁。顿时，鞭炮齐鸣，在阵阵炮竹声中，木匠、瓦匠手托茶盘攀梯而上，边上边对唱：

"脚踏云梯步步高。"

"手攀仙树摘仙桃。"

"手攀一串一子登科。"

"手攀二串一对状元。"

"手攀三串三元及弟。"

"手攀四串四季发财。"

这段对唱词有的这样对唱：

"上一步，一步登天。"

"上两步，状元一双。"

"上三步，三元及弟。"

"上四步，四季发财。"

"上五步，五子登科。"

"上六步，六六大顺。"

"上七步，七姐下凡。"

"上八步，八步朝阳。"

"上九步，九九至尊。"

"上十步，十全十美。"

木匠、瓦匠二人攀至中柱顶端后，主梁在众人的托举下沿着二张木梯缓缓上升到中柱顶上。木匠、瓦匠往梁口缠放金带。所谓缠金带，是缠放两条红丝线或五彩旗。木匠、瓦匠边放边对唱：

"古怪古怪真古怪。"

"天上掉下玉带来。"

"手拿玉带入梁口。"

"黄龙口内转三转。"

"左转三转家万贯。"

"右转三转福禄全。"

"古怪古怪真古怪。"

"天上掉下玉带来。"

"手拿玉带光溜溜。"

"黄龙口内丢三丢。"

"左丢三次儿女全。"

"右丢三遍出状元。"

如果是放五彩旗，则这样对唱：

"主东赐我五彩旗。"

"要我放在梁口里。"

"放在东头长生不老。"

"放在西头家大富豪。"

缠完金带，坐在梁两端的木匠、瓦匠继续对唱赞主梁和屋场词。

"鹞子翻身坐梁头。"

"代代儿孙封诸侯。"
"鹞子翻身坐梁头。"
"年年进财如水流。"
"坐在梁头打一望。"
"望见主东好屋场。"
"前面修的八步朝阳水。"
"后面修的八步水朝阳。"
"朝阳水出状元。"
"水朝阳出宰相。"
"中间修的八卦堂。"
"两边修起财富房。"
"八卦堂中一匹枋。"
"八位书生堂中写文章。"
"大哥入学中了举。"
"二哥考上状元郎。"
"三哥四哥年纪轻。"
"攻读诗文等考场。"
"一旦皇上开科时。"
"八位书生定金榜。"
"主东屋场不仅贵。"
"发财发家六畜旺。"
"鸡鸭只只像磙磴（肥大）。"
"年猪年年八百斤。"
"人兴家兴百业新。"

"福禄寿喜全进门。"
"恭喜主东好屋场好华堂。"
"幸福日子万年长。"

十二、搭梁

主人立屋上梁这天,摆酒席,宴请亲朋好友。至亲挚友,用抬盒抬着粑粑米酒红绫搭梁。搭梁的数量显示着主人家庭的兴旺,结交的众寡。因此,张家界土家人以搭梁红绫多为荣。

搭梁即把红绫搭吊在主梁上。红绫搭上主梁时,鼓乐齐鸣,炮声隆隆。搭梁时,木匠、瓦匠合唱搭梁赞词:

"今日主东修华堂,亲朋好友来搭梁。主人知书达理会聚财,广结善缘美名传。搭梁红绫数10匹,十里八乡头一名。前头搭满三间屋,后头又搭九间房。左边搭起状元府,右边搭起宰相堂。我替主东把礼回,多谢朋友与亲戚。叫声主东听端祥,德积百年元气厚,书香三代善人多。积善之家神护佑,天官赐福大吉祥。"

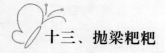

十三、抛梁粑粑

抛梁粑粑是把糍粑或印儿粑粑、花生、糖果等混合一起,抓起来往堂屋撒。粑粑圆圆,预示一家和和睦睦,团团圆圆;花生取其谐音,预示全家人丁兴旺,发子发孙;糖果是甜的,预示一家生活美满,日子红火似蜜。梁粑由两个大竹篮装着,由帮忙人分别送到梁头给木匠和瓦匠。每个竹篮里有一个小钵口大的梁粑,俗称"沉潭"粑粑,这两个梁粑是主人送给木匠和瓦匠的喜粑,不会往下抛。

梁粑送上梁后,木匠、瓦匠要对唱一段抛梁粑词首先给主东抛梁粑。

"梁粑梁粑,我会抛它。"

"各位亲朋请站开,我请主东上前来。"

"叫声主东你听好,双手扯衣襟,抛个梁粑落衣襟,福禄寿喜满门生。"

给主人抛梁粑后,才向客人抛梁粑。木匠、瓦匠继续唱抛梁粑赞词:

"叫声亲朋快拢来,看我来把梁粑摔。"

"手抛一个一片金。"

"手抛两个两片银。"

"手抛三个福满门。"

"手抛四个四季春。"

"手中梁粑全抛完。"

"主东幸福万万年。"

抛梁粑还有另一唱词:

"各位亲朋请站开,我请主东上前来。"

"叫声主东你听好,双手快快扯衣襟,梁粑落衣襟,遍地是黄金,三才者,天地人,福禄寿喜满门生。"

"主东粑粑抱在怀,各位亲朋快拢来,看我又把梁粑抛,梁粑落地是正财,老人捡得添福寿,少年捡得发大财。"

"一个粑粑抛向东，时也通来运也通。"

"两个粑粑抛向南，福禄寿喜两双全，荣华富贵万万年。"

"三个粑粑抛向西，后院骡马声声唏，我问骡马为何叫，公子高中状元回府来。"

"四个粑粑抛向北，坐在家中金银得。"

"五个粑粑抛在中，好比太阳满天红，左踏金、右踩银，主东家大富豪无人比。"

（合）："东一抛、西一抛，四面八方都抛到。抛个堆金高北斗，抛个积玉满南山，子子孙孙吃不尽，用不完，富贵万万年。"

但不管采用那种唱词，首先要向主人抛梁粑，而且要抛得准，落入主人的衣襟，否则被视为不吉利。

梁粑抛完后，主人差人给二位木匠、瓦匠端来茶、酒、粑粑、花生等，木匠、瓦匠坐在梁端小酌慢饮，另说一番贺词。

首先从茶盘说起。据《中国文化知识精华》载："我国是世界上种茶、制茶和饮茶最早的国家，茶最初被作一种药材……茶从药用过渡到一种饮料，当在西汉时期。三国时，至少江南一带，饮茶的习惯就已形成。魏晋南北朝时，饮茶之风在统治阶层中已成为一种嗜好。茶被用作招待客人，进行社会活动的一种媒介了。"用茶盘敬茶成为敬老尊师待客的传统美德。茶盘是敬茶的一种器皿。故木瓦二匠端上茶盘后，从赞茶盘对唱：

"茶盘四四方，张郎造框鲁班装。张郎造起四只角，鲁班四方把板装。框子本是沉香木，底板又闻紫檀香。茶盘漆得发毫光（光亮）。"

"青花茶杯放中央，牙骨筷子摆两双。一杯浓茶喷喷香，蹄花几块排成行。主东修屋上完梁，恭贺主东好屋场好主梁，世世代代出宰相。"

一杯香茶慢慢咽下，木匠、瓦匠手拿酒壶相邀自酌品酒。此时木瓦二匠又有一番说词：

"说酒壶，道酒壶，盘古开天哪有壶，南京城里请匠人，北京城里接师傅，共同造出这把壶。主东送来此壶上主梁，祥云缭绕满屋香。"

"肚内打得溜溜光，外面打得光溜溜，上头打起宝花盖，下头打个八卦底，前头打个龙头嘴，后头打个弯弓提。我拿此壶上主梁，主东万代福绵长。"

赞完壶，二人细酌慢饮，再继唱赞词：

"一杯美酒奠梁头，儿孙代代做诸侯。"

"二杯美酒奠梁腰，儿孙个个做阁老。"

"三杯美酒奠梁口，主东万代家富有。"

"四杯美酒奠周全，主东儿郎做高官。"

唱完这段赞词后，木匠、瓦匠会继唱赞词，就有点"斗嘴巴"，耍嘴皮子了，两人颇有一较高低之态。

"喝了主东酒，要赐主东有。主东今日修华堂，明日买下百担丘。"

"喝了主东茶,要赐主东发。屋场脉脉远,主东万年发。"

"赞梁伙计听分明,讲你赞梁是高明,十里八乡扬过名,今日与你交交手,'手下'你要留点情。"

"赞梁伙计听我讲,你是赞梁一好角,方圆百里都有名,见你我就矮三寸。"

"我俩不扯野葛藤,今天只把主东屋场吟。慈利有个五雷山,大庸有个天门山,桑植有个斗篷山,主东屋场在何山?"

"湖南有个岳麓山,山西有个五台山,四川有个峨嵋山,主东屋场蓬莱山。"

"我俩斗嘴这半天,主人蹄花已熬烂,喝完美酒下梯去,讨了喜钱好吃饭。"

"喝了这杯酒,木匠哥哥前面走,瓦匠弟弟后面行,哥哥帮弟把喜钱讨到手。"

于是,两人又唱响讨喜钱词:

"站在高山打一望,望见主东好屋场。"

"屋场上面修华堂,修起华堂好拖丧。"(放棺材,主人及其它听者皆大惊)。

"千年不拖一副,万年不拖一双。"(主人及宾客又大喜)

"恭喜恭喜再恭喜,主东今日一大喜。"

"主东听得哈哈笑,喜钱加倍酒喝好。"

"今日的喜酒该我喝,主东的喜钱我收起。"

"喜钱给的多又多，主东财源似江河。"

这时，主人在堂屋高声笑说："喜钱准备好了，两位师傅下来吧。"

下梯时，二人同样边下边对唱，只不过赞词大多是借古喻今。

"下一步，彩霞满天，主东新屋好比金銮殿。"

"下两步，步步水朝阳，主东代代子孙上朝堂。"

"下三步，咬金三板斧，走马定金堤，保唐封千岁，主东儿郎胜咬金。"

"下四步，四郎招东床，主东个个儿郎入朝堂。"

"下五步，五虎上将关张赵马黄，主东儿郎是名将。"

"下六步，禄位高升，主东儿郎个个美名扬。"

"下七步，七姐下凡配董永，主东儿孙状元郎。"

"下八步，八仙过海显神通，主东儿郎本事强。"

"下九步，长长久久，久久长长，主东屋场万代兴旺。"

"下十步，十全十美，福禄寿喜都齐全，主东胜封一字并肩王。"

（合）"我们俩人站华堂，同给主东送恭喜：

主东递上一杯茶，我祝主东代代发；

主东斟上一杯酒，我祝主东富贵万年久。

我们赞梁已经完，恭喜主东大吉大利，富贵就从今日起，买田买地上百里，天下财主，主东第一。"

上下梯赞词颇多，也各有异，辑录两首上下梯赞词于后：

（一）

上一步，天子早朝，文武百官一齐到；
上二步，二朵花，朵朵金花落东家；
上三步，降三星，三星在户喜盈盈；
上四步，四季红，四季发财贺东君；
上五步，五子登科，儿孙代代登朝堂；
上六步，六六顺，主东家和万事兴；
上七步，接七姐，仙女来给主东做媳妇；
上八步，八大发，财源滚滚发发发；
上九步，九五尊，恭贺主东是贵人；
上十步，十全十美，主东基业万年春。

（二）

下一步，仁贵打马去征东，百步穿杨箭在手，救下天子立奇功；

下二步，常山有个赵子龙，七进七出显身手，长坂坡上救主公；

下三步，三人结义在桃源，桃园结义义气重，中兴汉室争向前；

下四步，四郎流落在边关，时时不忘爷娘恩，深夜飞骑把母探；

下五步，五虎上将关张赵马黄，孔明帐前听调用，敌军闻名把胆丧；

下六步，瓦岗寨上福德星，主东前程胜咬金；

下七步,七姐下凡配董永,生子考得状元回;

下八步,八抬大轿坐贵人,主东儿郎上朝庭;

下九步,七九正好六十三,杨家儿郎守边关;

下十步,太公钓鱼渭水边,伐纣兴周美名传。

十四、告祖升匾

修屋是人生大事。既兴隆门庭,光宗耀祖,又打下发家基业,为子孙造福。亲朋好友不仅搭梁,还会送匾。告祖升匾是华厦落成之日的一项重要活动。告祖升匾活动由两名礼生(相当于今日的主持人)主持。首先是告祖,告祖由礼生唱祭祖歌,告慰祖先华厦落成,感谢祖先庇佑,祈求祖先继续荫庇家兴人旺。升匾则是把亲友赠送的木匾,升挂在堂屋之上,木匾大小不一。大者要4人抬,小者2人抬。匾上披红挂彩,匾上一般书写:"紫气东来""华堂生辉"或"向阳门第"等四个烫金大写,升匾要举行受匾礼,送匾者致贺辞,受匾者致谢辞。

告祖时,鞭炮声声,锁呐阵阵。礼生吟唱,音律绕梁。两名礼生入场相向站立合唱:"瑞气绕栋梁,玉炉飘馨香。礼生相对立,演礼进告章。"

唱赞毕,宣读诫词(相当于宣读会场纪律):"教啟儒林,礼演文坛。举行祀奠,理宜肃然。祭堂务静,不可哗喧。司仪司献,井井不乱。朗声宛转,律音传遍。读赞读文,声韵委婉。听者入神,倍增思念。司歌领读,调正声圆。歌文起止,身则为先。咏词怀感,行之俨然。演而有序，人喜神欢。特此告诫，谨遵忽乱。"

嗣后，是鸣炮、奏乐、上香、献酒、奉肴等祭奠家祖先人仪程。且每一仪程礼生均以歌赞之。如鸣炮："炮声隆隆，威震苍穹。绵绵不断，主东兴隆。"特别是上10道菜肴时，奉上一道，赞唱一段。如上鱼时，礼生则唱："鲤鱼跃龙门，头跷尾也跷。姜椒盖肚皮，人间美味到。"

10道菜上完，堂屋里烛光闪闪，香烟袅袅，香气四溢。主礼生宣读告祖祭文："先祖厚德，沐神隆恩；宏图得展，华厦落成。先祖之德，庇荫子孙；神灵之恩，佑及庶民。愿今而后，祸患不生；家兴人旺，如日东升。祥光照户，百福临门；诚心以告，万代兴盛。"

告祖完毕，开始升匾。主人、送匾人就位。主人行受匾礼。

送匾者致辞："秉承祖训，耕读为本；遵循祖教，克勤克俭。心灵聪惠，文章不亚司马；筹幄济时，韬略媲美卧龙。和善积德，神人共知；华厦落成，山水生辉。敬祝兰桂腾芳，基业永强；恭庆瓜瓞绵延，世德恒昌。"

主人致谢："自愧无能，庸俗处世，谨遵祖训，齐家修身。每思兴家创业，乃为人之道；光前裕后，是人子常情。志欲腾飞，恨翅短难越霄汉；身若青萍，恐体轻不敌风波。暂建蜗居，而藏身匿迹；且凿蚁穴，以抗炎御寒。承蒙雅爱，赠匾嘉奖。受之不当，不胜汗颜。"

致贺、致谢毕，升匾。首先，礼生赞匾。赞匾词一般从匾书写之字赞开。赞完匾后，赞贺联。然后，金鼓齐鸣，礼生高喊升匾：一升，二升，三升。匾悬挂完，鸣炮，奏大乐。

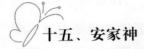
十五、安家神

安家神标志着华厦完全落成。

家神是一家的主神，主宰着全家的兴旺发达。张家界人修屋后，重视安家神。

立屋后，主人会进行装修。旧时的装修是在各个柱头间装上木板，俗称板壁。殷实人一次把各个房间装完，小户人家视财力而定。但不管家境如何，堂屋是必装的。堂屋装板壁要做神龛。木匠做神龛唱赞神龛词：

"金漆神龛四四方，三尊菩萨坐中央。观音娘娘中央坐，金童玉女站两旁。花花绿绿一堂神，庇佑主东一家享太平。"

做好了神龛主人请人安家神，神龛贴上一张中间书有"天地君亲师位，"右边书有"九天太乙司命"，左边书有"××堂上历代祖先"的红纸。

神龛两边的木框上贴："祖德流芳思本源，树发千枝本同根"对联。

修屋有许多工序，许多习俗。到底有哪些主要程序，主要习俗，笔者采访了慈利岩泊渡镇星明村80多岁的老木匠高冬初。

高冬初八十有二，16岁从师学木匠，匠龄60余年。抡斧的右手至今仍肌肉凸鼓，古铜色的脸上布满沟沟壑壑，折射出人生的沧桑。他有子女一双，均成家立业，住着窗明几净的二层"洋房"。他不愿离开祖业，依然居住在显得破败的祖屋中。

高冬初听说来意，满是皱纹的脸蛋绽放朵朵春花。喷吐一口呛鼻的旱烟后说：这些词儿如今不时兴了，修屋不上梁，也无人搭梁，梁粑也不摔了。木匠做梁、祭梁不理手，更不会说。我有徒弟三四个，把这些事告诉他们也不学。我怕它烂在肚子里，今日竹筒倒豆子一粒不剩告诉你。于是，便饶有兴致唱起祭梁、上梁、抛梁粑赞歌，唱完后兴致勃勃说哪个词儿改了。

"师傅传教说：不开梁口怎么上梁？开梁口、上梁、搭梁、抛梁粑都是独立的程序。它没有主次之分，大小之别，只有先后之序。"

"祭梁、上梁、抛梁粑的歌有固定唱本，但随着时光的轮回有些变动，特别是被技艺精湛阅历甚广的掌墨师傅小改后的唱词，便在那一带流传下来。但都没有换梆换底子，大同小异。至于上完梁、搭完梁、抛完梁粑粑后，木匠、瓦匠坐在梁头喝酒和下梯时的唱词，各个匠人根据自己见识作了修改，甚至是随口便答。只要没离恭贺主东新屋落成就行。"

婚嫁习俗

男大当婚,女大当嫁,自古使然。结婚生子是一个民族使之延续的再生产。"金榜题名时,洞房花烛夜,子嗣落地日",被古人称为人生三大喜。中华民族看重婚嫁,婚嫁习俗五彩缤纷。

张家界 30 多个民族相融混居,在长期的融合过程中,逐渐形成了独特的基本相同的婚嫁习俗。

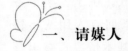

一、请媒人

媒人俗称"红幺公"。

"天上无云不下雨,地上无媒不成婚。"这是几千年的封建社会形成的婚姻定律。旧时,将那些敢于冲破牢笼结成伴侣的男女青年视为大逆不道。

20 世纪 60 年代前,张家界男女青年结婚成家一般都是遵从媒妁之言,父母之命。

男孩女孩长到 10 多岁时,请媒人为其找媳妇、寻婆家。

请媒人一般是男方占主动。男方请媒人有讲究，要夫妻双方健在，诚实勤劳，为人和善，同女方沾亲带故相识相知。所请媒人不像电影、戏台上包金牙，头顶帕，手持长烟竿，身穿大短花袄的女婆子。

媒人选定后，男方当家人提着糖、"行肉"上门请，接到家吃餐"跑腿饭"。饭桌上男方父母对媒人恭敬有加，拍着胸脯说："谢媒时，犬子背上30斤重的猪脑壳来谢恩。"

二、提话

受男方之请，媒人去女方说亲为提话。

媒人到女方家后怕遭指责，开口说："一家养女百家求，我给令爱来提亲，您莫见怪。人说好吃做媒人，没吃肉，也看到猪走路。做媒是个背时事，不知跑烂几双鞋。做的好，两家欢喜。做得不好，挨骂受气。桃子、李子各有所爱，哪能人人喜欢，做了这次媒，下回有人用八抬轿子抬都不干。"然后向女方父母细说男方基本情况，夸男孩聪明伶俐，眉清目秀；赞男孩手脚勤快，懂事有孝心。女方父母若同意这门亲事，便热情招待媒人，同意看屋场。

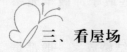

三、看屋场

看屋场就是女方到男方家里去走走。

张家界人说：一个鸡蛋也要放在稳处。女儿嫁出去，要在哪儿生活一辈子，女方父母要实地看看。同时，看屋场也是定亲的一道程序，程序不走，怕被人轻视，说三道四。因此，即使男女双方彼此了解熟悉，女方也要看屋场。

看屋场一般是女方母女在媒人陪同下到男方家。

女方进门，男方忙不停。先摁四道茶，头杯白开水漱口，二杯糖茶甜嘴，三杯清茶提神，四杯（碗）蛋茶充饥。不过蛋茶一般不吃。

看屋场主要看男方家房屋状况、家庭环境及经济情况、生产条件、水源状态、男孩身体和言行。重点是看房屋和男孩身体与言行。

如果对屋场不满意，女方不会吃饭，提早离开。若满意便会留下吃饭。看屋场饭特别丰盛，吃饭时媒人在男方父亲陪同下坐首席，女方母女不上坐。

吃完看屋场饭，离开时女方还会向媒人说一些对屋场不中意的地方。男方会给女方一定"打发"。

四、合八字

女方看屋场满意后，男方通过媒人向女方"讨八字"。女方父母在一小页红纸上写下女儿的生庚"八字"，装入长八寸、宽五寸、高二寸的"白头匣"中，称之为发草"八字"。媒人把"草八字"交男方"合八字"。

"八字"即人出生的年月日时。按天干地支合起来共8个字。如出生在1999年正月初四10时，按天干地支则属兔年、丙寅（月）、壬寅（日）、巳时，加起来共8个字。

鬼谷子算命术就是依据这8个字推算人生运程，预测吉凶祸福。

男方父母拿上女方"八字"和儿子的"八字"，请算命先生"合八字"。

8个字中，有5个字相合，属吉利。算命先生会说："算命算到79，一对坛坛滚下河，不知是损还是破。"人怕中年丧妻（夫）。人生70古来稀，过了70岁，夫妻双方有"破损"无关紧要了，可成婚。如果只5个以下的字相合，算命先生会说："八字之中相克多，俩人走到37，相冲犯煞气，妻不死来夫要亡。"这是凶兆，不可成婚。

"合八字"，要给算命钱。"八字"相合，算命先生还要讨喜钱。

"合八字"后，男方把情况告诉媒人。媒人带着发"草八字"的"白头匣"到女方家，并告知"合八字"结果。

若八字不合，女方父母知道后心中愁云堵塞，甚为女儿婚事担忧。

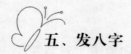

五、发八字

"合八字"后，男方请算命先生择选定亲吉日。吉期定下男方修庚书一封交与媒人转送女方呈报吉期。书式为：谨諏×年×月×日为小儿×××与令爱×××定婚吉期，敬告××印府×××贤夫妇，座前姻弟×××夫妇鞠躬。

吉期定后，男方根据女方要求紧张准备。20世纪60年代前，定亲发"八字"，男方要给女方做衣服至少4套，买袜两双，糖果糕点8封，猪肉一方一肘各10斤以上，鸡鸭各一只，鱼两条，酒两坛，鞭炮两捆，红喜烛一对，庚书一封。

所谓庚书是把一小块红纸拆成双层"对开门"。封面上写××府×××亲家阁下。头道"对开门"骑缝上写"秦晋之好"或"天作之合"；二道对开门骑缝上写"乾坤落定"或"永结同心"。两道门打开，右边写乾造，再写男方生庚八字。左边留着由女方填写。中间写上月老大人×××之盟。乾为大，坤为小。乾为天，坤为地。乾为先，坤为后。男左女右，定亲庚书这样写是对女方的尊重。

发"八字"定亲时，男方把衣服糖果等分门别类放入抬盒或挑盒的屉中。庚书放在衣服上。解放后，抬盒、挑盒不时兴了，改用箩筐挑。

发"八字"这天，男女双方家喜气盈盈。爷爷、奶奶、伯、叔、姑、外公、外婆、舅舅、舅妈、姨妈、姨父等都来贺喜。

去女方家定亲送庚书，男方请人抬着抬盒，并请一德高望重的至亲为执事人陪同媒人去女方家送庚书，到女方家门口时，女方派人接抬盒。媒人、执事人站在堂屋门外，请主人敬恭喜。一干人在堂屋落坐后，女方至亲开盒，取出红烛点燃，鸣放鞭炮。

在女方家吃饭后，女方填好庚书，拿上布鞋两双放入抬盒屉匣中。回鸭子一只。"八字"接到男方家时，男方放鞭炮接"八字"。执事人、媒人向主人敬恭喜。

男方家中长者开盒，取出庚书和布鞋。一家长者及亲朋好友高高兴兴陪媒人喝酒，不醉不归。

定亲后，若男方退婚，女方一定要取回自己的"八字"。

六、求喜

订亲后，准女婿在每年正月的初三或初四提着"菜茶"拜丈人。张家界流行"初一初二走家门，初三初四拜丈人"的习俗。拜了几个年后，儿女渐渐长大成人，男方向女方提出让儿女完婚，谓之求喜。

求喜由媒人办。求喜时男方要请媒。男方父母提着"菜茶"接媒人去女方求喜。

媒人受请后，提着男方的"礼行"（行肉和4封茶）代表男方去求喜。媒人对女方父母说：女儿百岁还是人家的，早嫁早发家。女方父母认为完婚条件不具备，就以女儿小，打嫁妆木材少等理由不发喜，即不同意男方提出的完婚时间，把媒人提来的"菜茶"原封不动退回。有的女方认为完婚条件虽具备，媒人第一次求喜也不发喜，怕人说：丫头养不起了，只想赶出门。媒人跑了二趟后，收下男方的"菜茶"，发喜了，同意在××××年完婚。

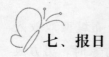
七、报日

求喜获准，男方把完婚具体日期告诉女方，称之报日。

报日的具体事项如衣服几套、"菜茶"的多少等，由媒人同女方商定，男方一般尊重女方意见，着手准备报日。

报日前要履行转庚手续，即把定亲时庚书上的乾造、坤造的位置互换，重新写上男女双方生辰八字。定亲庚书由媒人送至女方家，女方接到庚书后，按"乾"先"坤"后改写过来，谓之转庚。体现女方明事理，重礼教。转庚的过程实质上是儿女亲家的互相尊重，和谐相处。

媒人带回女方改写过的庚书交给男方，准备报日了。

不过转庚这道手续在解放前夕就不时兴单独举行了，放在报日那天进行。报日时，男方把定亲的庚书带到女方家，女方改写后，放在抬盒里带回给男方。

报日预报大婚佳期，一般离婚日半年左右。报日主要指娶亲、男女拜堂合欢等吉利时间，同时双方口头相告，男方至亲长辈人数，女方青轿顶数等。青轿又称小轿，娶亲那天抬上客。吉日由算命先生根据男女双方生辰八字选定，一般以男方为主。日不带煞，平不冲，上不克。即夫妻之间不相冲，对父母对长辈不相克，和谐相处，生休皆宜。根据这个吉日，男女双方各做婚嫁准备，男方整修房屋，打办新床和备成亲礼。女方置办嫁妆，做新鞋等。

报日这天，男女双方的至亲好友临门祝贺，特别是女方会把至亲长辈悉数接到家。

报日这天早上，男方把已置办好的4～6套新衣，8封糖果糕点，一方一肘（猪肉）、两坛酒及给女方至亲的"菜茶"和红喜烛一对，鞭炮二捆等放入抬盒。方肘中间系上红纸条,酒坛和抬盒前后的挡板上贴上红喜字。男方主人在堂屋敬香祭祖后由执事人、媒人带领一干人去女方家报日。到女方家后,女方一长者把男方众人请至堂屋坐下,摁茶后开盒,鸣炮敬祖,清点"礼数"(礼品)。女方家的一名长辈把女儿爷爷、伯伯、叔叔、外公、舅舅等叫到堂屋,分发"菜茶"。边发边说:"接下'菜茶',打发陪嫁。"接到"菜茶"的人,知道腰包不能掏少了,否则没脸面。如果应当提"菜茶",而男方没准备"菜茶",这个人会说:"俺穷,把俺不当人,"气冲冲跑回家。所以同一个辈份的人,报日的"菜茶"要给都得给,不给都不给,一碗水要端平,否则会生出许多是非。接到"菜茶"的长辈们,聚到一块,一阵热议后,定下陪嫁:外公买碗、碟、匙、杯、坛等瓷器;舅舅买棉絮;姨妈买蚊帐、枕头;伯父买床单、被套;叔叔买插花镜、梳妆盒和茶盘;姑姑打铜茶壶一把;爷爷打银酒壶一对。如果女方亲戚多,棉被多置,箱柜多打,反正接到"菜茶"的人都"出点血"。

报日还有庚书一封:书式为:谨诹××××年×月×日为小儿×××与令爱×××完婚吉期,肃此,上闻。姻弟×××夫妇鞠躬。放在抬盒衣服上面,女方开盒时取拿。

八、解礼

解礼就是男方把娶亲的礼品送到女方家。解礼又称之过礼。

娶亲的先天男方解礼,女方吃"戴花酒"。因为女儿头戴凤冠要出嫁，请亲戚朋友喝喜酒，故名"戴花酒"。

解礼这天，男方家喜气盈盈，堂屋大门、新房、厨房、堂屋中柱等贴上大红对联，窗户贴上红喜字。接了许多帮忙的人到乡邻家借桌借椅借碗借杯。当眼的墙上贴着三张醒目的"襄事单"。一张写督倌名单，一张写"长忙"名单，一张写"短忙"名单。所谓督倌就是督促办事、管事的人，督倌只一人，办喜事中的一切大小事宜，由督倌处理；"长忙"是帮助办完喜事的人，一般三天；短忙就是娶亲那天帮忙的人，仅一天。大厨、帮厨、打盘、上菜、洗碗洗菜、挑水煮饭、烧茶揾茶、引拜、抬柜、抬箱、抬桌、挑瓷器、挑椅子、打对锣、打喜锣等分工到人，责任明确，有条不紊办喜事。

女方这天亦宾客盈门，请亲朋好友吃"戴花酒"。

解礼时，男方把新衣四至八套、新鞋两双、新袜两双、雨伞一把、凤冠和胭脂水粉等"上头礼"、鞭炮、喜烛放入抬盒。另挑鸡鸭各一只，猪肉一方一肘，鱼两条，喜酒二坛。抬盒和酒坛贴上红喜字，肉鱼系红纸条，并备礼书一封，接请女方亲朋好友到男方吃喜酒。

解礼时，男方家上香敬祖，鸣放鞭炮。解礼队伍在执事人、媒人带领下到女方。女方接盒、接担，请众人入堂屋就坐上茶后，点燃红烛，焚香祭祖，鸣炮开盒。开盒人边开边唱："一开天长地久，二开地久天长，三开荣华富贵，四开金玉满堂。"

女方开盒"点礼"发现"少礼"，会向执事人提出，执事人立马应承，迎亲时补上，或折算后立给现金。

解礼人在女方家吃完喜酒回府前，执事人、媒人同女方督倌反复敲定发轿时辰、送亲人数、青轿顶数、送亲中的小孩个数、抬箱抬柜需要人数等诸般事宜，特别是反复确认女方送亲队伍中的小孩人数，因男方在娶亲时需安排专人挑、背，还要给打发，准确无误后，方作辞回府。回到男方家时，男方亦鸣放鞭炮。

九、告祖·升东·陪媒

告祖、升东、陪媒这三件事在男方解礼的这天晚上进行。

▲ 告祖

男儿成家是全家大事、喜事，要祭拜缅怀先圣祖先，告慰祖先在天之灵，后继有人。同时，也是表达儿孙后辈牢记祖辈创业立家之艰辛，定要发扬光大之雄心。

告祖由三名礼生主持，分为主礼生，助礼生，引礼生。三名礼生身穿长蓝衫，头戴礼帽。并有鼓手、司锣、吹唢呐、吹笛一班司乐人员。堂屋神龛前拼放大红桌子两张，桌上点亮两支红烛，摆放菜肴、酒杯、酒壶和糖果糕点等，神龛上香烟袅袅，气氛肃穆庄重。

主礼生站在桌子东边，引吭高唱："肃静，内外肃静，司礼者，各执其事。"各人员到位后，继唱："初击鼓，亚击鼓，三击鼓。"鼓毕。再唱"初鸣金（打锣），再鸣金，三鸣金。"这是告祖的序曲。

主礼生继续高唱："作大乐（鼓、金齐鸣），"大乐止。"作中乐（唢呐吹响）。"作中乐时，引礼生引中乐队绕堂三圈，鼓、金同行。三圈绕毕。主礼生续唱："作细乐。"笛声悠扬，两名吹笛乐工在引礼生引导下绕堂三匝。

这时，站在方桌边的助礼生唱之：

"灼灼洞房别有天，牛郎织女配仙缘，前生系好同心带，今日始成并蒂莲。"

唱毕，引礼生引着新贵人（即新郎）到堂，朝各位礼生、乐工抱手行礼。

引礼生带引新郎继行，主礼生唱曰：

"红叶沟中传媒言，紫箫声内引良缘。绕梁乐音琴瑟诣，龙凤呈祥亿万年。"

引礼生把新郎引至方桌前，主礼生给放在桌上的酒杯斟酒，递与新郎随唱：

"三更灯火五更鸡，正是男儿立志时，一举名登龙虎榜，十年身到凤凰池。"

在歌声中新郎面朝神龛跪下，随着主礼生"初献爵，亚献爵，三献爵。"的律唱，献酒三次。献酒毕，引礼生引带新郎捧上方桌上的果品至祖先神位前献之。助礼生唱曰：

"托盘献果，如切如磋。君子敬献，其味如何？"

主礼生接唱："作细乐，三叩首。"在袅袅笛音中，新郎朝神龛作揖叩头。

引礼生又带引新郎捧上茶叶五谷至祖先神位献之，助礼生赞唱：

"堂上新人喜洋洋,今日麟趾已呈祥。鸾凤和鸣同地久,鸳鸯相配与天长。"

五谷献毕,引礼生又引新郎至祖先神位前献铜圆或铜钱,主礼生唱曰:

"康熙乾隆,光绪宣统,顺治咸丰。谓金非金,谓银非银。可以降祥,可以祀神。"

唱毕,引礼生引新郎再跪拜祖先。助礼生唱曰:

"新人今日喜洋洋,梧桐树上栖凤凰。朱陈二姓两结好。秦晋两国配成双。"

唱毕,引礼生递给新郎三炷香,给祖先神位敬香。这时,主礼生赞唱:

"烟雾渺渺玉炉香,一堂瑞霭已呈祥。春伴梅花催好梦,晓月揽菊上红妆。"

唱毕,细乐又起,新郎继朝祖宗神位三叩首。引礼生把装茶的茶盘递与新郎给祖先敬茶,助礼生唱道:

"拜祖思恩第一章,诗歌翩舞沐麻祥。秦楼月照吹笙女,汉苑云遮傅粉郎。"

在歌声中,朝祖位三叩首,复跪地。主礼生唱曰:

"祖宗今日喜连连,灯烛两行照席筵。玉笛横吹倾两耳,人间天上兴未澜。"

在歌声中新郎朝祖先神位再三叩首后,向众乐工抱手行礼,在引礼生引领下离堂。

祭祖礼词颇多,仪程基本相同,不一赘述。

▲ **升东**

俗话说：爹亲有叔，娘亲有舅。故男儿大婚时舅舅会送匾、送对联以示祝贺。木匾长三尺，宽二尺，一侧书写××贤外甥新婚志禧，一侧写对敬贺者的称谓和姓名，中间书写"鸾凤和鸣"、"喜结秦晋"等词，对联是用两块长约八尺宽约一尺呈拱形的木板书写的长联。并以新郎之名冠顶。匾和对联之字均施金粉。对联悬挂堂屋中柱上，匾挂在对子旁边的板壁上。

接匾，接对联时。请舅舅在堂屋东侧坐下，东为首。无母无子，有母有舅，舅为大，称升东。新郎在礼生的引领下给舅舅敬茶，行跪拜礼。

挂匾、挂对子仪程由礼生主持，鸣炮作乐，唢呐、笛子吹"工工四车上，何四上，何四上……"大开门乐。

▲ 陪媒

解礼晚上祭祖、升东后便陪媒。陪媒即陪媒人喝喜酒。

媒人又称"月老大人""红幺公"等。大婚前一月左右，男方提着"菜茶"给媒人下请帖，婚前三日，再次上门请接，催他"发驾"，解礼时再次登堂接请。故有媒请三遍之说。在这场婚事中，媒人重要，姻缘由他牵线说合，男女双方意见不统一的地方由他缝补弥合，方有大婚在即之喜。因此媒人必须受到尊重，要予以感谢。同时也是男方表示的一种姿态：不会新娘娶进房，媒人摔过墙，会永记恩德。

陪媒人喝酒必须是男方身份高贵之人，一般是男方父母、伯、叔、姑父、外公、舅爷等或当地要人。

陪媒时,要请媒人夫妇一并到堂上坐。开席时,要鸣炮,作细乐。在炮竹烟雾的香味和悠扬的笛声中,新郎提壶斟酒。男方父母、舅爷等频频向媒人夫妇奉菜、敬酒猜拳,直至夜半方休。

十、哭嫁、上头

哭嫁、上头是女方在解礼的当天晚上进行。

▲ 哭嫁

哭嫁其实在报日一个月后,每天晚上女儿同娘纳新鞋,娘看着一双双新鞋,掰着指头算日子,感到女儿离开自己的时间越来越近,难舍心头肉发出哭声。这时的哭断断续续,也大都在夜深人静时。

哭嫁的原因多,或为骨肉分离,难舍难分哭;或因受媒人欺骗,对婚姻不满而哭;或因怀念闺中蜜友的姊妹情分,从此,天各一方,伤心而哭;或因无忧无虑的日子一去不复返,千斤重担从此挑在肩,生产、生活有压力而哭;或拘于传统习俗不哭视为无孝心无奈而哭……

会哭嫁的妹子是乖妹子,是才、贤、孝俱佳的表现。

哭嫁的形式多种:有单哭、对哭、陪哭。哭的对象广泛:哭爹娘,哭爷爷奶奶,哭兄嫂弟妹,哭外公外婆,哭舅舅舅妈,哭伯伯叔叔,哭姑姑姨妈,哭闺蜜好友等。哭的时间有梳头哭、戴花哭、穿衣哭、上桥哭等。哭的内容有感恩爹娘、怀念闺友的"十月怀胎""十画""十绣""十打""十要"等。哭词大都是代代相传,妈妈待女儿长到10

岁左右时就慢慢传教,女儿逐一铭记在心。特别是反应灵敏、口齿伶俐的女孩,博彩众长,善于变通,推陈出新,哭嫁词儿更是多多。

哭嫁的高潮是解礼这天,当解礼队伍进门,哭声从闺房中飞出:

"我的爹呀我的娘,二老养育我成人。大恩未报要出门。明日吉时到,女儿就是他家人。我的爹娘饿着肚子省,请来张郎好木匠,打起满堂新嫁妆。明日时辰到,人家的爹娘请些哥哥来帮忙,前屋搬空后屋搬光。人也走,屋也空。爹爹伤心不流泪,娘亲疼儿放悲声。爹娘苦得无名,苦得无益,到明朝吉辰不分也要分。人家的爹妈蜜糖嘴,苦瓜心。脸上对你笑,心里藏把刀,口里不骂心里恨。自己的爹妈,口里骂,手里打,心里疼。"

哭完爹娘哭兄嫂、弟妹,哭词大多是要他们勤耕苦做,全家和睦,孝敬爹妈。

当开盒"点礼"后,执事人、媒人在堂屋喝茶时,哭声又从绣房飞出:

"执事伯伯你听清,今日礼行还缺秤,伯伯本是明白人,缺秤怎补心里明。"

"哭僮"走出绣房对男方执事人说:新娘有请执事人。执事人故意高声说:"主人没给执事伯伯'银子',莫哭哒。"谁知,哭声更甚:

"执事伯伯不知事,缺秤不补怎做执事人。明日我不离家门,看你还做不做执事人。"

于是，执事人掏出准备好的一叠"票票"……

这天哭嫁以哭媒人尤为情趣。

"天上无云不下雨，地上无媒不成婚。你是世上一好人，说动七姐下凡配董永。"这么哭是姑娘对婚事满意，感谢媒人。

若姑娘认为媒人欺骗爹娘和自己，对婚姻不满意，会这样哭：

"韭菜开花十二台，背时的媒人天天来。板栗开花球对球，背时的媒人想猪头。锅铲翻几翻，炒的媒人肝；筷子戳两戳，熬的是媒人脚。灶里烧的是劈柴，锅里煮的是媒脑壳。你好喝媒酒，多把谷种，好吃媒饭，多把田栽。俺屋里的牙骨筷子是你唆尖。俺屋里的金边碗是你啃去了半边。俺屋里的门槛是你踩烂，俺屋里的黄狗咬你哐得又瘦又干。"

哭骂媒人之词甚多，可见包办婚姻不受欢迎。

媒人一般忍气吞声挨骂，但姑娘哭骂过头，也会唱歌回击：

"天上无云不下雨，地上无媒不成婚。不是我来牵个线，一世莫想有男人。"

这天哭嫁有一名哭僮（伴哭）向姑娘通风报信。舅爷到了哭几声，姑父到了又哭几句。

被哭之人都会掏"银子"（俗称压箱钱）交给"哭僮"给新娘。

解礼晚上是哭嫁的巅峰。女儿半躺绣床，娘亲坐在床

头,骨肉亲情离别之疼,母女痛哭:

"我的儿啊我的肉,明日要进人家门。娘亲不好终是娘,打断骨头连着筋。别人的娘也是娘,总差那么一点情,处事细细思量想周全,不可任性半毫分。伺候丈夫要细心,孝敬公婆要真心。真情能把金石开,婆婆疼你胜娘亲。"

"我的妈呀我的娘,你教女儿十八春,在家从父出嫁从夫记在心。孝敬公婆用真心,公婆年大牙齿差,猪肉熬烂直接吞;公婆年大眼睛花,吃鱼我把刺刺分。妯娌面前我矮三分,礼让别人不要紧。女儿不会让娘怄气又伤心。娘亲您要多保重,女儿还要尽孝心。"

闺中密友晚上也来陪"十姊妹"。哭"十姊妹"时,堂屋拼上桌子两张,中间摆上"十碗菜"。"十姊妹"围桌而坐,新娘坐首席,左边坐安席,右边坐收席。新娘首先哭"十碗菜",拉开陪"十姊妹"哭嫁序幕。

"请来高明厨师,在哪屋后园里,扯起青菜两片,假充青带(海带)一碗;请来高明厨师,在哪屋后园里,扯来白菜两片,切成细丝,假充粉丝一碗;请来高明厨师,在哪屋后园里,挖出芋头两个,锅里一煮,皮子一剥,假充丸子一碗;请来高明厨师,把北瓜剁成四方块子蒸熟,假充坨子肉一碗;请来高明厨师,把冬瓜切成薄片,蒸得又香又软,假充扣肉一碗;请来高明厨师,把萝卜剁成块,用油一炸,假充起炸一碗;请来高明厨师,把虾米(虾子)炒上几个,拌上几片白菜,假充海味一碗。十碗菜菜摆上桌,上坐主人不坐客,两边坐的客小姐。十位姊妹今日多喝一杯酒，敬我的祖先，敬我的土王。"

这样哭，实为赞扬爹娘持家有道的节俭美德。哭十碗菜时，女儿赞扬爹娘的为人豪爽，待客的大方，便这样哭：

"我的爹我的娘，今日府上，不比平常。盛礼宏宴，果蔬飘香。爹娘教子有方，爹娘待人阔气大方。朱红椅子摆八把，龙凤桌子把边镶，牙骨筷子放八双，八个酒杯放毫光（旧时一桌坐八个人）。忙坏扯盘端菜人，一上鸡肉二上羊，三上蹄花（扣肉）喷喷香，四上墨鱼五上笋，六上黄花似金针，七上合菜（豆腐皮、白菜叶、辣椒等混合而成）一大盘，八上青带炖排骨，九上鲤鱼拌生姜，十上三鲜海味汤。"

哭完十碗菜后祭祖人，新娘哭道：

"我的爹我的娘，爹娘养个女儿就要出闺房，不能孝敬爹，不能孝敬娘。人家爹娘几多强，养个娇儿把媳妇娶进房。夏布帐子四四方，鸳鸯枕头摆两档，缎子被儿放中央，朱红的踏板亮光光。只怪祖上送错了人，求牛不来来了羊。送个娇儿闹中堂，送个娇女闹绣房。操心的爹呀操心的娘，操空心呀操闲心。话儿压在心底里，泪水和着茶水吞。爹娘要我敬祖人，可怜我是女儿身，头顶披纱重，脚穿绣鞋疼，罗裙带子扎的紧，浑身不舒也起身。敬祖先，敬祖人，双腿跪地叩头头不领，双手作揖揖不准，岩板烧纸纸不燃，香炉插香香不稳，清油点灯灯不明。我的祖先，我的祖人，不要怪我女儿身。等候几载，等候几春。你那时开了眼睛，给爹娘送个娇儿，单腿跪地叩头头也领，只手作揖揖也灵，岩板烧纸纸自燃，香炉插草草也稳，清水点灯灯也明。我的祖先，我的祖人，今朝晚上十姊妹团圆，明朝晚上冷冷清清。女儿百岁要嫁人，长大总要各自分。我的爹呀我的娘，女儿明天出闺门，屋内没有我的影，爹娘叫儿无人应。对堂屋里一望，只剩我坐的椅子一把，对卧房一看，只有我的旧鞋一双，对床上一望，只剩泪迹一串，我的爹呀我的娘，不凄惶来也凄惶。"

众姐妹听得泪水汪汪，同声哭开：

"一线牵动万根线，各位姊妹坐堂前，陪着姐姐舍不得分散。我那狠心的伯伯、伯娘，把我姊妹隔在一边。今晚姊妹团圆，只等天亮劳燕分散。同蜜蜂分房一样，如燕子折翅一般。仔细一想，怎不伤心，怎不伤肝。我的姐姐心要放宽，眼睛要远些看，到了别人家，说话要轻言细语，做事要扎实肯干，对公婆要孝敬，对丈夫要贤。依不得自己的脾气，凡事以忍字为先。要多回家看望爹娘，三天一走，五天一转……"

哭嫁的重头戏上演了。"十月怀胎"、"十画"、"十绣"、"十打"、"十要"、"十剪"、"十想"等逐一哭开。因哭词都是十句，故名哭"十姊妹"。

陪"十姊妹"有准备有分工，一个接一个哭，哭腔婉转，此起彼伏。哭者柔肠百结，愁绪万千。听者倾耳，如醉如痴。

如"十想"：

"一想杏子黄，杏子在树上，想摘杏子尝，又怕你爹娘。

二想炸面坨，炸的又不多，想你给一个，回去冲茶喝。
三想坛子菜，想出涎水来，要是郎送来，吃得一竹筛。
四想乌鸡肉，嘴角涎水流，黄花炖鸡肉，是我最想的。
五想芝麻末，末末煎糍粑，灶里文文火，慢慢用油炸。
六想塘中藕，真是想得丑，藕断丝不断，日夜挂心头。
七想池中鱼，金鱼配银鱼，双双结成对，命苦不如鱼。
八想大蔸菜，哪个给我带，请人街上买，贵哒划不来。
九想喝甜酒，隔壁哥哥有，拜上亲幺姨，帮我要一口。
十想想不尽，得了相思病，想得血奔心，郎中无法诊（医治）。"

女儿是爹妈的小棉袄，女儿疼人，女儿懂感恩。看着爹妈为自己出嫁忙这忙那，人都瘦了一圈，看在眼里，疼在心里，借陪"十姊妹"之机，哭出来给人听，如"十打"：

"我的爹我的娘，女儿出闺门，您人瘦三分，脚板跑掉三层皮，城里木匠您不请，请来鲁班下凡尘。

鲁班师傅你请进，凿子锯子背笼背，开山斧头手中提，问爹先打哪几门？（先打什么）

妈说先打书桌攻诗文，再打十把学生凳。

凳凳打得轻又轻，雕个童子笑吟吟。八仙桌子打两张，再打牙床镀金粉，上打四块天花板，下打两扇梭罗门。

前门关的金鸡叫，后边关的凤凰鸣。

百样家具都打完，爹把木匠送出门。娘把漆匠请进屋，样样家具用漆刷,毫光闪闪似铜镜。

百样家具都漆完,爹娘又把铜匠请,偏屋垒起风箱灶,打把铜壶好几斤,打把酒壶白银银。

又请银匠打钗环,首饰三套打完整,儿带半个家产出闺门,苦了我的爹,苦了我的娘。爹娘恩情比海深。"

陪"十姊妹",闺密们在一起,人多胆子也大,哪些还未出阁的妹妹看到出阁的姐姐出嫁热热闹闹,生产、生活用具件件不缺,想到自己不免"眼红",姑娘同心。于是哭"十要"打柱头惊磉礅:

"八月桂花香,幺姑要嫁妆。一要红罗帐,二要象牙床,朱红被窝要两床,枕头绣鸳鸯。

三要两平柜,八仙桌子朱红漆,八把交椅要配齐。

四要两个大衣柜外加两口箱,箱架要两张,箱子搁在箱架上,金银压满箱。

五要炭火架,铜壶要两把,夫家公婆礼行大,天天要揾茶。

六要梳妆台,镜子要两块,梳妆盒子二边摆,梳子南京买。

七要府绸衫,衫子绣牡丹。

八要百折裙,裙上绣古人,绣个凤凰配麒麟,喜鹊把梅登。

九要几丘田,水源要方便,一年得谷百把担,日子才不难。

十要十美全,要个银项圈,银簪玉、金耳环,玉石手镯亮闪闪。嫁妆都备齐,爹娘有面子,女儿心满意。"

夜已深,人哭累,离娘饭已做好。十姊妹同吃离娘饭。待"十姊妹"入席后,新娘触景生情又哭开:

"上坐金,下坐银,二面坐的发财人。天上乌云十八朵,十位姊妹都为我。天上乌云十八层,十位姊妹心连心。天上乌云十八块,十位姊妹为我来。今日吃了离娘茶,家也发来人也发。今日吃了离娘饭,全家老少福无边。"

新娘哭腔音歇。众位姊妹接音:

"筒车打水溜溜转,今年姐姐转上前。明年不知是何人,又是何人来送俺。今朝同吃离娘席,但愿人离心不离。锦鸡展翅高高飞,不知何日能相会?"

哭毕,"十姊妹"同吃离娘饭。

陪"十姊妹"哭词多多,现辑录几首及其它哭词于后:

十画(一)

一画水晶花儿开,二画芙蓉出水香,三画桃花似火红,四画牡丹吐芬芳,五画龙船花儿美,六画荷花满池塘,七画石榴并蒂开,八画丹桂十里香,九画菊花遍地黄,十画腊梅斗冰霜。

十画(二)

一画盘古开天地,二画太极生两仪,三画天地人三才,四画伏羲演八卦,五画三皇五帝天下行,六画大禹治水过家门,七画文武两班人,八画周朝八百春,九画武王掌大印,十画万民享太平。

十画(三)

一画宋朝杨文广,二画江东楚霸王,三画桃园三结义,四画张生跳粉墙,五画五条龙戏水,六画姜女晒衣裳,七画七姐下凡来,八画八仙吕纯阳,九画九天玄女神,十画鸳鸯配成双。

十剪(一)

一剪双凤朝阳,二剪二龙戏珠,三剪梅花相对,四剪鸳鸯戏水,五剪白鹤穿帘,六剪凤穿牡丹,七剪九龙探爪,八剪鱼跃龙门,九剪观音坐莲,十剪罗汉双分。

十剪(二)

一剪一只船,停在柳树边,剪个姐儿船上坐,手提花篮脚踩莲。二剪二龙翔,剪得特别像,剪个珍珠发毫光,二龙把珠抢。三剪三层楼,都是鲁班修,一层妹妹把书读,二层姐姐把花绣。四剪四季花,千枝和百桠,剪个野鹿含鲜花,歇在花树下。五剪五色云,云头坐仙人,且看姐儿剪花花,越剪越入神。六剪柳絮长,又剪藕池塘,渔翁塘边来垂钓,柳荫下歇凉。七剪七颗星,星子亮晶晶,颗颗星子眨眼睛,天星管万民。八剪桂花香,桂花伸出墙,朵朵花儿似金黄,金秋结鸳鸯。九剪李太白,读书习文章,十年寒窗过,骑马上朝堂。十剪张七姐,下凡来人间,嫁与董永郎,日子胜天堂。

十绣(一)

一绣天上星,星子格外明,又绣坐朝起五更。二绣明月梭,明月照山河,绣个美女拜情哥。三绣观音娘,坐在莲台上,善财童子站一旁。四绣大公鸡,每日黎明啼,身穿五彩六色衣。五绣张七姐,下凡脱仙体,又绣董永得娇妻。六绣一条街,硬是绣得乖,绣个美女把衣晒。七绣一只船,船在江中玩,又绣情郎把妹唤。八绣澧水河,河水多美丽,又绣鸳鸯把水戏。九绣天子庙,本是绣得高(好),向王天子坐早朝。十绣绣不尽,绣个花手巾,紧紧缠在情郎身。

十绣(二)

一绣水晶花儿开的早,二绣百花满园香,三绣桃花家家有,四绣栀子靠粉墙,五绣石榴红似火,六绣荷花满池塘,七绣牡丹颜色鲜,八绣桂花十里香,九绣菊花黄似金,十绣邻姑烧夜香。

十劝姐

一劝姐姐要持家,莫把五谷来糟塌,一年辛苦只为它。二劝姐姐要勤快,不等五更就起来,哪个不说姐勤快。三劝姐姐要孝顺,孝顺公婆两个人,自己的儿女照样行。四劝姐姐种棉花,摘了棉花纺成纱,换来银钱置骡马。五劝姐姐莫分心,万般由命不由人,八个字儿命生成。六劝姐姐回娘家,娘家莫说婆家话,莫把亲戚说仇哒。七劝姐姐记住七月半,亡人进屋要叫饭,前传后教莫急慢。八劝姐姐要学好,堂屋有人莫乱跑,大是大来小是小。九劝姐姐莫喝酒,喝了酒来会出丑,丈夫回来讨气怄。十劝姐姐莫学恶,媳妇也会熬成婆,堂屋的交椅你会坐。

哭五更

一更庭深,月儿初明,小小姣女,好不伤心,面露愁容，思念双亲。十月怀胎，万苦千辛。三年哺乳，照料殷勤。年方二八，嫁出闺门。燕子衔泥，空劳其心。翅膀长硬，各奔前程。感谢爹妈，养育恩深，想起这些，泪下倾盆。二更鼓响，月映窗纱，小小姣儿，心乱如麻，思想爹妈，三年怀抱，抚育恩情。长到二八，送到婆家，服待公婆，丢下双亲，不由姣女，心如刀剐，泪如雨下，哭断肝肠。三更月亮，照进闺房，小小姣儿，爹亲娘恩，永记在心。三纲五常，谆谆告诫。纺纱织布，不烦相教。长大嫁人，离开爹娘，心儿惶惶，骨肉分离，好不悲伤。四更鼓敲，月亮升高，小小姣女，心如刀铰。思念二老，三从训诲，四德常教。长大成人，未尽孝道，养育大恩，未报丝毫。五更报晓，小女愁思，火上浇油，深恩难诉，难舍难丢，恩深似海，德重山丘，难报万一，只可来日，时而归宁，省亲无休，父母深恩，永记心头。

哭骂上头人

上头妈妈好狠心，你用一双无情手，把俺打扮成"贱人"，前面扯成半边月，后面扯成香炉脚，世人见了哪个不笑我？狠心的上头人，你嫌礼行少了直接说，何必变着法儿来整我？狠心的上头人，你只要礼行不顾人，汗毛扯得俺生疼，你的心儿怎那么狠？轮到你的女儿身看你心疼不心疼。

娘哭女

嫁到婆家要自尊，不比在家任你行。公婆面前莫顶嘴，不敬父母无教养，忤逆不孝坏名誉。家中不可生是非，夫与小叔把嘴吵,暗中去把礼来赔。姑子当成亲姊妹,妯娌时常到一堆,莫分手掌和手背。

早晨不可多贪睡,早起做饭莫相推。饭后挑水把猪喂,扫地撮灰要仔细。待客要分内与外,吃菜不可满碗堆,灶上不可来偷嘴。

当家须知柴米贵,不可懒惰把账背。丈夫无能莫多嘴,总要夫倡妇相随。丈夫若是不争气,枕边规劝莫乱为,说些比方流些泪,丈夫自然把心回。丈夫如果酒吃醉,欢容笑脸把他陪,把他扶到床上睡,枕头给他高高堆,床边放杯凉开水,当成解酒一颗梅。酒醒再劝不贪杯,一来免把钱花费,二来免得酒后人吃亏。乡邻要分老少辈,做事说话要贤惠,人人夸你女中魁。

▲ 上头

上头又称开容、开脸。相当于今日化新婚妆。

上头要送上头礼。上头礼有两种送达方式,一是娶亲前三天送到女方家,二是解礼时送到女方家,后多为在解礼时送达。

上头礼分为三部分。胭脂、水粉、剪刀、金银耳环、银玉手镯、金银发簪、凤冠、发夹、二小块红纸等是新娘梳妆打扮用品。第二部分是香纸、蜡烛、鞭炮等是新娘辞祖用品。第三部分是开容书、四个或六个或八个鸡蛋、四封茶(糖果糕点)、一绺丝线及一碗扣肉、一碗丸子、一碗干鱼等四样菜。菜茶、喜钱和开容书是给上头师的。

上头一般在陪完"十姊妹"吃过离娘饭半夜后进行。

上头前,新娘辞祖,在亲人搀扶下,从闺房步入堂屋,在供奉家神菩萨的神龛前,上香焚纸跪拜祖宗。这一跪一拜,从此刻起,女儿不再是家里一员了,今后是客人。因此,十分伤心泪水顺面流,泣不成声哭诉:"堂屋门神请走开,让我祖人进屋来,接受丫头三跪拜。我的命儿苦,祖宗你无福,我若是娇儿,家里添人又进口……"哭拜完,进闺房"上头"。

首先是开脸,即扯汗毛。把额头、脸上、颈脖的汗毛拔掉。拔汗毛时,上头妇人拿起解礼送来的五色丝线,左、右手指和嘴分别挽、咬住丝线,拉扯成三角形,两线一张一合在皮肤游走,把汗毛扯掉。有些汗毛粗扯不掉是时,上头妇人则把火坑里的灰用手指涂少许在皮肤上,毛就扯掉了。扯完汗毛,就不再是毛姑娘了,成了新姑娘。其次是沐浴更衣,脱掉旧的衣衫,换上男方解礼送来的新衣裳、新袜子、新鞋子。沐浴更衣不仅是打扮新人,还让人证明女儿是清白之身到夫家。第三是梳头挽髻盘于后脑勺上,表示不再在家做闺女而要嫁出门去做媳妇。发髻有三种式样,一为粑粑髻,圆如糍粑,中间扁平。二为螺丝髻,周圆中凸似田螺。头发盘好后,用青丝发髻网罩在上面,网边有丝绳,束紧于发髻根部,便不会松散。如是粑粑髻,在发髻中间横穿一根簪子。如系螺丝髻,有网不穿簪,而用四枚夹子夹在四周。三为太极图,把头发从头顶分成两股,用红头绳扎好,在脑后正中处盘成一个圆圈,形如太极图,故名。三种形状,依据新娘的喜好和上头人梳发技艺而定。不论是那种发髻，都要一次梳理成功，不允许二次梳理，否则视为不吉利。发髻都插上首饰，显示新娘的高贵和风姿绰约。第四涂脂抹粉、描口红、画月眉。只不过以前描口红是新娘用嘴唇含红纸。第五戴凤冠。凤冠由金属丝挽成，缀上用五色丝线扎成的大大小小、形态各异的花朵和叶片，镶入闪闪发光的珠宝。凤冠形似半月，左右两边各系一条彩色流苏，显得雍容大气、富贵娇美。

上头一般四人，两名妇人执灯，两名妇人分工上头。挑选上头妇人条件严格，只有结发夫妻双方健在，夫妇和睦，儿女满堂，乡邻赞赏，品德端正的妇人才有资格"上头"。再婚、寡居、"四眼人"（孕妇）、毛姑娘（未婚少女）、五官不正、品行不端的妇人是没有资格的。

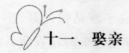

十一、娶亲

解礼第二天是婚日，男方到女方家娶亲。这天被人们说为："看好的日子，选就的时候。"

娶亲这天事多，男方清早就开席招待一干娶亲人。执事人，媒人同坐首席。

迎亲去时，由礼生主持一个简单的仪式：请月老大人，执事大人中堂端坐，新贵人向媒人、执事人奉茶，叩首；又请新贵人家严慈母中堂就位，新贵人拜礼；再请×××就坐，新贵人拜礼……当新郎叩首谢媒人、执事人后，后面的请者都会说免了。

礼毕，执事人、媒人、礼生再次查验迎亲的"礼行"，即盖头布、鞭炮、红毡（或草低）、披肩布、开门礼书等是否齐全。然后，对新郎父母及诸位客亲抱手高声说"一齐相品"。

迎亲队伍庞大，由牌灯、高灯、执事人、媒人、礼生、迎亲姑娘、花轿、青轿、对子锣、喜锣（碗大的小锣）、唢呐、九眼铳和抬箱柜等一群帮"短忙"的人组成。长方形的牌灯开道，在红绸或白绸布上书×府的高灯紧随其后，其余人员按执事人、媒人、礼生、花轿、青轿、迎亲姑娘、喜锣、对子锣、唢呐、九眼铳、"短忙"的顺序排列。一路上锣鼓不断，唢呐不停，浩浩荡荡去迎亲。两名十岁左右敲打喜锣的一对童子，使庞大的迎亲队伍更显喜气。他们是女方对男方迎亲队伍中唯一要给赏钱的人。娶亲行走的道路必须与发"八字"、报日、解礼走的是同一条路，寓意一路到老。

▲ 拦门礼

当浩浩荡荡的迎亲队伍快到女方家时，女方大门立即紧闭，门前摆上一张大方桌。桌上摆三碗饭、一碗扣肉、三个酒杯、三双筷子和一壶酒，插上三炷香，点亮两只红烛。把执事人、媒人等一干娶亲队伍拦在门外，称之"拦门礼"。这时，唢呐吹，对锣打，喜锣敲，九眼铳响。三吹三打后，男女双方家的礼倌隔门对唱"拦门礼歌"。首先是女方家礼倌在门内唱：

"手提琼浆瓶，主东请我来拦门，斟的三杯拦门酒，迎接礼倌先生一行人。"

被拦在门外的男方家的礼倌回唱：

"太阳落山一片红，天地一体乐融融，良辰吉日到，何必要拦门。"

于是，门内门外礼倌歌唱歌答，展开"斗歌"。

"笙箫锣鼓，人夫马轿，来到蔽府，所为何事？"

"笙箫锣鼓，人夫马轿，来到贵府，特请颁恩。"

"头戴红绫（礼生头上戴红巾），那是何人？"

"头顶红绫是引风先生。"

"今日何人为贵？"

"一为月老，二为新人。"

"远看毫光闪闪，近听锣鼓喧天，轻吹细打，鞭炮震天，如同状元回府，好比巡按出游，来到寒门，究为何事？"

"一不是状元回府，二不是巡按出游，今日张家不去李家不行，单到贵府高门。只为我家公子打马春游，瞧见你家小姐端正貌美，一见钟情，经月老说合，喜结秦晋之好，选定日期看好时辰，前来迎亲。今是良辰吉日，紫气高照，天开美景，正逢小登科花好月圆之际，请开门，莫误吉时良辰。"

"有何媒证？"

"三媒六证。"

"何为三媒？"

"土王菩萨、送子观音、月老大人"。

"何为六证？"

"天地人日月星"。

"有何礼行?"

"今日来得快,未把礼行带。若要交礼行,回去再取来。"

"桃之夭夭,其叶蓁蓁,没有礼行,不准开门。"

"墙上一蓬草,风吹二面倒,若要交礼行,跪下向我讨。"

"有理三扁担,无理扁担三。先生没礼行,速速往回转。"

"礼倌莫发火,礼行给你过。只要你讲理,有话慢慢说。"

"礼倌先生,我且问你,是走旱路而来,还是从水路而行?"

"旱路也走,水路也行。"

"旱路有多少弯,水路有多少滩?"

"青山逶迤没记弯,河水滔滔没算滩。"

"途中可曾有轿?"

"有鹊桥一座。"

"桥头有什么?"

"有对联一幅。"

"所写何词?"

"诗云:钟鼓乐之。词曰:乾坤定矣。"

"桥上有什么?"

"有玳瑁、珍珠、琥珀、玛瑙。"

"桥尾有何物？"

"乃对联一幅：人间金屋传二美，天上银河渡双星。"

"你从枝上来，还是从叶上来？先有枝还是先有叶？"

"枝是五子登科枝，叶是牡丹富贵叶。先有枝，后有叶。枝上生叶，叶中开花，花上结果，今日是花好月圆时。"

"门外礼倌我且问你，百官见天子有奏章，庶人见公卿有手本，你为姻亲而来，可有礼行？"

"我有一斗踏轿米，我有撞门猪头十八斤。"

"你把路上的热闹说来听听。"

"笙箫鼓乐动日月，八仙雅调随后跟。"

"礼倌先生，礼仪周到，出口成章，通晓古今，可做六国宰相，能掌三军帅印。失迎失敬。"

"读不尽的诗书，习不尽的礼仪，我少读圣贤书，少习周公礼。请开门。"并从门缝中递上礼书、礼行。

女方礼倌收到礼行后，在屋里继高唱："千斤铁锁手提起，万斤岩头脚踢开，把门将军打开门，月老礼倌请进来。"

这时，鼓乐齐奏，鞭炮、九眼铳齐鸣，中门大开，迎亲队伍涌进门。

▲发轿

人们说：娶亲如抢亲。中门打开，执事人媒人等在堂屋喝茶时，帮短忙人瞅住自己应抬、应挑的嫁妆，七手八脚搂到屋外。男方执事人连忙吆喝：没发轿，莫走。小心点,莫碰坏了。众人知道这是执事人做表面文章,嘴里应付,手脚不停,一袋烟时光,满屋嫁妆搬光。这时锣打,唢呐扬,催发轿。男方执事人同女方督倌商定后发轿。但闺门紧闭,新娘闺密拥堵门后,礼生只好朝门缝里塞红包,一阵戏闹后,闺门打开。

发轿时,堂屋神龛前点七星灯,即在一只盛青油的碗里点亮被油浸泡过的七根灯草,象征日月和金木水火土,七星灯用一把米筛盖住。堂屋中间摆一方桌,一对大红喜烛在桌上忽闪忽闪,桌前放装有茶叶五谷的方斗。从闺房至堂屋到花轿的地上铺上红毡或草纸,新娘出门,脚不能沾地,否则会带走家中财气。即使新娘由兄长背出闺房,这道"礼行"仍不能少。此时,新娘在闺房中伤心诉哭娘"十月怀胎"之苦。

准备就绪,大红花轿抬进中堂,兄长身披红披肩,背着头盖红巾的妹妹走出闺房辞祖。新娘跪伏在哥哥背上泪流满面哭诉:

"脚踏金斛四角方,要离祖宗要离乡。脚踏金斗四角长,又离爹爹又离娘。脚踏金斗四角方,手拿筷子十六双,前头八双随我去,后头八双给兄弟。前头八双随我去,我置穿来又置吃。后头八双给兄弟,种好田地添富贵。我今脚踏半边月,娘田爷地受不得。娘田爷地兄弟受,父母在家莫远游。孝敬父母才有名,不孝父母枉为人。"

在堂屋辞祖踏斗,意为"魁星点三斗",会生下状元儿郎。踏斗时,督倌抓起斗内茶叶五谷往新娘背后撒。说是

让创造茶叶五谷的神龙大仙,驱赶姑娘身后的各路邪神,不染其身百病不生。跪伏在哥哥背上的新娘眼看要上花轿又哭新词:

"我脚踏房门角,要离爹和娘,我脚踏火坑角,要离哥和嫂。我的爹,我的娘,八仙轿子进了房。八仙轿打转,金库银库都装满。财也发来人也旺,一家老少都安康。"

快要坐上花轿,新娘又一番哭诉:

"我的嫂子我的哥,送我就要送过河,送我还要送下坡,莫在路途想跑脱。哥哥前莫离三寸,嫂子后莫隔三人,随着轿子一起行。上山下界过山岭,哥嫂保护我放心,不怕老鹰来闪翅,不怕鹞子乱翻身。到了婆家你请坐,要对公婆把话说,妹妹年轻不知事,讲清说明我才心理安。"

生离死别,围观者无不动容。

新娘上轿后,在一阵阵的哭声中,女方四人把花轿抬至大门,其它亲朋扶轿,扯三把,拉三把,表示难舍难分。然后由轿夫抬轿,轿不能靠地,否则,婚姻不到老,要结二道婚。轿离家时,女方督倌向轿头撒筷子一把,花生一碗,意为"快快生子"。还向轿顶摔过两支由细竹片扎成的或捶破的葵花杆做成的燃烧着的"喜把",意为前程红火,大吉大利。花轿抬行后,女方兄嫂弟妹等送亲人依序坐上小轿。

发轿后,众宾客齐坐堂屋,看着两支燃烧的红烛,左边先熄,则预示新郎先亡;右边先灭,预示新娘先折。同时燃完,白头偕老。

娶亲途中,花轿与官轿相遇,官轿避让,因周礼规定:这天花轿中新娘为大,见官不让。若与另一支迎亲队伍相遇,各让道一步,新娘掀开轿窗互换手帕,互送恭贺,互祝平安发家。

抬花轿的轿夫在路途中也会演绎许多令人发笑的故事。轿头(最前的轿夫)一边走,一边吆喝:

"轿子摇一摇,新娘扭扭腰;轿子颠一颠,新娘弯弯腰;轿子簸一簸,新娘闪闪腰。"

轿夫们随轿头的吆喝声摇轿、颠轿、簸轿,新娘在轿内左右摇摆,饱受颠簸之苦。这时娘家押轿人会给每个轿夫一个"红包"。

轿夫们得到"红包",齐唱:"轿子摇得巧,儿郎生得早;轿子颠得好,儿是文曲星;轿子簸得乖,殿试第一名。"

十二、铺床

新郎、新娘新婚夜合衾之新被由帮短忙的抬箱人抬着,一路飞跑前行,抬到人少处放下箱子,在棉被里掏女方给男方铺床人的"礼行",糖、茶和喜钱拿了,又抬起箱跑。帐被抬进门后,男方事先请的二个铺床妇人开始铺床。

两名铺床妇人,在叠好的棉被里左掏右掏,一无所获后,笑骂着说:"两个死猴子,把给老娘的"礼行"吃了,拿了。"但依然高高兴兴铺床,边铺边说:

"铺床铺床,新床四四方,被子摆中央,鸳鸯枕头并排放。"

"铺好垫被,再挂蚊帐,罗纬帐内锁春光。新郎新娘合欢忙,明年生下一对儿郎。"

床铺好后,请主人敬恭喜。主人这时摁茶,两名铺床妇人边喝茶边奉赞:

"新床打的稳稳当当,床儿铺的平平当当,恭喜主人好福气,明年孙子成双。"听到奉赞,主人喜得合不上嘴,掏出两个"红包"奉上。

铺床妇人一定是结发夫妻同在,儿女成双,品德端庄之人才能担当。

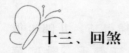

十三、回煞

花轿抬到男方家门口后,大乐、中乐、细乐和鸣,鞭炮响彻云霄。送新娘的"上亲"被接到专供上亲休息的房中喝茶。新郎父母不能见花轿,躲避在另一间屋内"避煞"。轿夫们抬着花轿原地踏步等待回煞。

回煞就是把混杂在新娘送亲队伍中的邪神恶鬼打回去,不让进新郎门作祟。

回煞时,堂屋大门口摆一小方桌,桌上放着香纸,刀头肉等。一名擅长方术的长者,手提已经开叫的大公鸡站在桌旁。见到花轿,握住公鸡双脚抱至胸前唱道:

"此鸡此鸡非凡鸡,王母娘娘抱小鸡,头又高,尾又低,身穿五色花毛衣,凡人提起无用处,弟子举起避煞气。"

念毕，咬断鸡冠上最高齿峰，念咒语，用滴血的鸡头画符：

"头上盖乌云，三点是将军，车马回头走，金刀斩鬼神。天煞、地煞、年煞、月煞、日煞、时煞，弟子手提雄鸡回煞，尔（指公鸡）为大和尚，敕敕如律令，邪鬼、邪煞一齐滚回家。"

尔后，扯下一绺五色鸡毛沾上鸡血，贴在方桌角上。再把手中雄鸡摔过轿顶，一脚踢翻桌子。口叫：邪神恶鬼一齐赶走。

十四、拜堂

门前回煞，门内张罗拜堂。拜堂又称结蜡。神龛上香烟袅袅，烛光摇曳。神龛前摆上一张朱桌，桌上放酒杯、刀头肉等和一对烛光闪闪的红喜烛，桌前铺上红毡。

回煞毕。放鞭炮，作大乐、中乐、细乐后，花轿抬进中堂，轿夫请主人敬恭喜，主人打上"红包"。

花轿在中堂落地后，男方引拜妇人打开轿门，手牵新娘走出花轿，新娘将兜在衣襟的枣子花生抖落在地，意为新娘落地早生贵子。

花轿抬去，开始拜堂，引礼生和引拜妇人把新郎、新娘引至朱桌前，男左女右，面朝神龛，并排肃立。

拜堂仪式在礼生主持下进行，三名礼生两名站在朱桌的东西二侧，一名站新郎身旁。站在桌旁的两名礼生眼望满堂客亲，亮嗓齐唱："肃静，肃静，内外肃静。"

礼生甲:"初击鼓,二击鼓,三击鼓。"

礼生乙:"一鸣金,二鸣金,三鸣金。"

这时,大乐、中乐、细乐齐奏,鞭炮齐鸣。

乐止后,礼生甲:"有天地而后有万物,有万物而后有男女,有男女而后有夫妇,夫妇为人伦之首,万化之源,岂不敬哉。"

礼生乙:"秦楼月照吹笙女,汉苑云遮傅粉郎。金樽满斟三更醉,玉笛横吹百世昌。"

礼生甲:"关关雎鸠,在河之洲。窈窕淑女,君子好逑。"

礼生乙:"参差荇菜,左右流之。窈窕淑女,寤寐求之。"

礼生甲:"参差荇菜,左右采之。窈窕淑女,琴瑟友之。"

礼生乙:"参差荇菜,左右芼之。窈窕淑女,钟鼓乐之。"

中乐、细乐又起。新郎、新娘在引礼生、引拜妇人的导引下端上酒杯。

礼生甲:"共牢而食,合卺而饮,夫妇好合,如鼓琴瑟。"喊"初转盏"。新郎、新娘把各自酒杯的酒倒往对方杯中。

礼生乙:"虽无酯酒,式饮庶几。合德来教,好而无糕。"喊"再转盏"。新郎、新娘再次互往对方酒杯中倒酒。

礼生甲:"欢宴饮酒,与子偕老,琴瑟在御,莫不尽好。"喊"三转盏"。新郎、新娘第三次把自己酒杯中的酒倒给对方。

三转盏毕,二礼生齐喊:请高堂就坐。

新郎父母步入中堂,在朱红桌前椅子上坐下。大乐、中乐、细乐齐鸣。

甲乙礼生合唱:

"转盏已毕。一拜天地,二拜高堂,夫妻对拜。"

前两拜,新郎、新娘跪地叩首,后一拜,新郎、新娘相互鞠躬。好事者,礼生喊这一拜时,骤然趋前,按住新郎、新娘头相向而撞,惹得一堂哄笑。在笑声中礼生合赞新婚:

"天长地久,地久天长;夫妇齐眉,百世齐昌;天地同老,送入洞房。"

入洞房,要抢床,即看谁先坐在床上。男坐东,女坐西。先坐在床上者,就是家庭主人。所以,入洞房时,新郎、新娘争先恐后去抢床。夫妻坐新床上,新郎揭开新娘盖头的"红巾",新娘露真容。这时,摁茶妇人摁来茶一杯,新郎、新娘各轻轻抿一口,谓合交,即合衾之义。

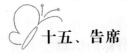

十五、告席

告席又称安席、牵席。即请客人有序入席落坐。婚宴坐席有许多讲究,谁坐首,谁坐下,何人陪,要妥贴恰当,否则客人会发气,认为把他不当人,罢宴出走。

婚宴设于堂屋里,摆四张高桌,男客、女客分批坐席。

桌子的缝隙不能对神龛，要对堂屋二侧的板壁。神龛东边为首席，西边为次席。神龛下方为上席位，上席对面称下席位。其它席位为陪席。外公外婆是最尊贵者，必须坐首席，舅爷舅妈，姑爷姑妈，姨爹姨妈，次于外公外婆，也坐首席，但不能与外公外婆同桌，坐次首。媒人亦坐首席，在外公右侧。上亲是必坐首席的，他们单独成席，不与其他客亲混坐。

告席由礼生担任。礼生从执事人手中拿到注明身份的客亲名单后，站在神龛前结蜡（拜堂）的小方桌边喊道"请×府家公上坐"。站在礼生两旁的二名细乐工，吹响笛子，在一片悠扬婉转的笛声中，×××被请至神龛前与礼生并排站立，面对家神同鞠一躬，后互鞠一躬，在礼生牵引下，端然入坐上首席。

"请×府月老大人坐上席"、"请×府舅爷坐上席。""请×府上亲坐上席"。请了一批男客，接下请一批女客，如此反复。

安席时，同辈不宜同桌，如男方的祖父母，不能与外祖父母同桌，但孙子可与祖父母、外祖父母同桌，谓"孙为大"。

一桌8人坐满后，安排上菜。督倌高喊"扯盘啰"。菜一般是10碗，俗称"吃十大碗"。"十大碗"一般是扣肉、丸子、干鱼、鸡肉、笋子、瘦肉丝、合菜、羊肉、油炸豆腐、酥肉（炸灰面）。主厨按一道、二道顺序，从篾制蒸笼内端出放在菜盘内，扯盘人用一只手高举装有8碗菜的盘子到堂屋,让另一人上菜。上菜有规矩,一碗左下角,两碗并排放,三碗摆丁字,四碗呈"口"形,五碗象梅花,六碗排两行,七八九十碗,中间放4碗,两边共三双。

婚宴,鸡肉是不能首先上的,否则上亲知道后,会发脾气,认为耻笑新娘行为不端,娘家人教女无方,娶亲就啃鸡腿子(意为有孩子了)。

宴席开始后,礼生引着新郎、新娘朝长辈、媒人鞠躬敬酒。

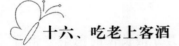

十六、吃老上客酒

张家界还兴吃"老上客酒"。这天女方到男方家的人都称"上客",即贵客。"上客"有"少上客""老上客"之分,"少上客"是年轻一辈,"老上客"都是长辈。"老上客"由女儿的爸爸、伯父、叔父、舅舅、姑父等人组成。"老上客"只有男人,没有女人。吃老上客酒实质是父亲看到女儿今日嫁到别人家去,怕不习惯,放心不下,邀上几个长辈同去看望相陪。同时还包含着,女儿出嫁了,伯伯、叔叔、舅爷、姑爹、姨父还不知女儿的新家门朝何方开,树朝何方栽,同来认认门。

老上客酒不能白吃,要给男方上情。这笔人情钱男方父母会悉数给小俩口。

老上客到男方家门口,男方在快进家门的路上摆一个方桌,桌上铺着花色或红色毡子,毡子上放一碗扣肉,一碗酥肉,一杯酒,一双筷,曰"下马酒",即请老上客到此下马饮酒。若喝这杯酒,还要挂厨,由老上客评判厨子的手艺如何,报几道菜,由大厨做,做出来了,老上客要给厨师赏钱。一般不喝这杯酒,老上客中的长者会把桌子上的毡子向上折起一角,意为免这道礼。鱼贯过桌,新郎家鸣炮奏乐迎接老上客。

老上客坐席吃酒,虽有上席,礼生也牵席,但一般由新娘的父亲说了算,大家不在意讲究。

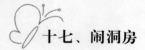

十七、闹洞房

拜堂两三个小时后,新娘由男方帮长忙的摁茶婆领着摁三遍百客茶,即见人摁茶。头杯清茶,二杯糖茶,三杯抬盘茶。

摁清茶、糖茶时,摁茶婆手提茶壶,新娘手端内放10个茶杯的茶盘给客人奉茶。摁这两杯茶,漏没漏掉人,无人说话。

抬盘茶由新郎、新娘两人抬着茶盘给客人逐一摁茶。茶杯里放的是冬瓜糖片,为让客人吃完茶后还吃到冬瓜糖片,杯里放了一把小匙子,故又称"把把茶"。吃抬盘茶时,客人不像吃前二杯茶,喝没喝到无所谓。这次没吃茶的人,会朝新郎、新娘喊:"没吃把把茶。"新郎、新娘会补摁。一些"吃把把"茶的人,会乘机打浑:"新郎新娘莫怪俺馋,只因把把茶香,这盘茶我要吃光。"左手端一杯,右手端一杯喝了起来。新郎不恼,新娘不火,看着喝。只有带队的摁茶婆会说:"早知你这么能喝,搬个脚盆才好。"

"茶茶喝得饱,儿子生得早。""死猴子,没大没小,有这样讨侄儿媳妇的喜茶喝?""新婚三天没大小嘛。"天还未黑,闹洞房就这样拉开了序幕。

闹洞房重在闹,主要是围着新郎、新娘调侃,嘻戏,逗乐。从前,男女青年都是依"父母之命,媒妁之言"结成连理。新郎、新娘到了结婚这一天才头次见面,相互没有交流,脾气不知,喜好不晓,存在情感障碍。通过闹洞房的逗乐,使这对刚认识的小夫妻,彼此丢掉羞涩,认识了解对方,愉快地开始新的家庭生活。特别是帮助新娘熟悉新郎的朋友,尽快融入新郎的生活圈子,建立新的人际关系大有好处。

闹洞房一般是客人晚上九点宵夜后,分拨闹。头一拨大体为百客,百客间互相不太熟悉,闹的时候意见不一,有的要喝抬盘茶,有的要新郎、新娘喝交杯茶,有的向新娘讨喜糖,闹了一阵,说:"前客让后客,走啰。"一干人鱼贯走出洞房。

第二拨是帮长忙、短忙的人。他们和新郎关系密切,十分熟悉。大大咧咧挤进洞房,或站或坐,瞧这摸那,吵吵闹闹,口无遮拦,有的直呼新郎乳名:"××伢呀,举起蜡烛,把新娘带到面前看下,莫小气。""××伢呀,今朝晚上狗子咬刺猬晓得哪门下手不?要不要俺告诉你?"说得新娘面红耳赤,心儿狂跳。大伙说说笑笑,要新郎、新娘抬茶喝,要新郎敬烟,新娘点火。点火时,故意打哈欠,把火吹熄,一次二次……,有的朝新娘喊:"莫给他点了,给俺点。"新娘这才张开樱桃小口，轻声细语说："马上点燃，你莫急"。说完，擦燃火柴，朝眉毛烧去，哪个人大骇，站起来哈哈大笑说"点的么得火，烧到眉毛哒。"众人哈哈大笑。

闹房要喝清茶、糖茶、瓜片茶后开始闹，这两拨人不按规矩出牌，进门就闹叫进房闹。这样闹气氛轻松和谐，新娘紧张的心绪逐渐放松。

第三拨人是闹洞房的主力军，他们是新郎的光屁股朋友，有的携妻同来，有的独身一人，把洞房挤得满满的。

他们进房后，有的说：俺两口子是来收账的，去年闹俺闹得多狠，这次连本带息一次收回。有的则说：俺是来种苦瓜籽籽的，种得深越是亲。说闹一阵，新郎、新娘抬着茶盘给他们摁清茶、糖茶、把把茶。

这批闹房者，有组织、有分工、有题目。三杯茶喝完，领头地说：今日闹房只闹三个题目，说个四对，莫闹久哒，耽误人家好事，免得新郎新娘在心里恨我。说完，便出题。题目围绕和气、生子、发财。

头题一般是"喝和气茶"。在一大茶杯里，倒一杯烫嘴的糖茶，要新郎新娘两个人同时喝。新郎新娘扭捏一阵后，低头去喝茶，但又怕碰头，又怕烫嘴，小心翼翼去喝时，众人拉开新郎新娘。一阵推推搡搡，扯扯拉拉半小时后，茶已凉，大家按着"牛头"强喝水。一杯茶喝光时，新郎新娘被折腾得气喘吁吁，闹房领头人还要新娘拿出手绢给新郎抹嘴，题目才算做完。

第二道题目是"喜添子。"闹房的人从一草纸包拿出早已准备好的一颗红枣,一粒花生米要新郎咬在嘴里,新娘咬来吃。又是一番拉扯后,新郎新娘方能吃完红枣、花生。这时闹房领头人说:吃了枣子和花生,恭喜贵子早临门。

第三题是"财源滚滚"。闹房人用一长线吊上四枚铜钱,把长线系在一竹竿上,要新郎抱着新娘摘铜钱,叫做"摘下四枚钱,四季财不断。"新娘快要摘到时,竹竿忽拉高,四枚铜钱摘完,新郎新娘满脸均是汗珠。新娘对着举竿人说:你狠,明年你等着整。众人哈哈大笑。

闹完三题,便闹四对。四对即每喝一杯茶,说四句祝贺话。新郎新娘每摁一次抬盘茶,闹房人中便有人说四句话,如:"新娘的头发光光亮亮,新娘的衣服体体面面,抱着新郎啧啧称赞,你不简单。""床上鸳鸯枕一对,洞房里新人一双,努力生产添贵子,白头偕老百世昌。"

喝好闹够,月儿西移摸山尖。大家摇头晃脑留下临别赠言:力气省着点,莫把床整垮,明日还要回门。

闹房之俗,无规无矩,无章无法,百乡百俗。

十八、开拜

大婚次日清晨,新婚夫妇在堂屋拜见公婆及亲戚长辈谓之"开拜",又称"分大小"。

早席开毕,督倌即安排人撤席,清扫堂屋,把新郎祖父母、父母、伯父伯母、叔叔婶婶、姑姑姑父、兄嫂姐弟及外公外婆、舅舅舅母、姨妈姨父等请进堂屋落坐。

新郎新娘抬着茶盘,在督佾引领下摁茶,并介绍受茶者称谓。

茶摁三道。一道瓜片茶。二道蛋茶,每碗装三只鸡蛋。同辈人吃了蛋茶,抹抹嘴巴了事,长辈吃了蛋茶给"茶钱",十元、百元不等。

三道茶不是茶,而是给每位长者"摁"一双布鞋,称之"端鞋"。鞋子是新娘在出嫁前,按照男方亲眷拓的样子(鞋底的大小尺码),花几月时间做成。端鞋时,新郎拿块红毡,新娘嫂嫂背着已按人分好的鞋子跟随新娘端鞋。端鞋时新娘叫着受鞋者的称谓行跪拜礼,表示已入家成媳。然后用茶盘端送布鞋。受鞋者一面收鞋,一面从口袋内掏钱放于茶盘中。这双布鞋的价格颇高,少则数10元,多则数百上千元。这些钱都成新娘的私房钱。

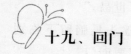

十九、回门

新婚后,夫妇俩头次同回娘家,谓之回门。回门分为赶脚门、三朝门、满月门。赶脚门即婚后次日同女方送新娘的上客一道回娘家。三朝门是婚后三天夫妇俩回娘家。赶脚门、三朝门都是当日去当日回。路太远,一天无法往返,则回满月门,即婚后30天回娘家,并在娘家住一晚。

无论何时回门,都必须备"礼行"。"回门礼"较重,既有男方父母向亲家公婆表示的谢意,也含有女儿女婿的孝意。一般是四封茶,一方肉,两壶酒等。

进丈母娘家后,女婿要向岳父母行跪拜礼,感谢他们对妻子的养育和嫁陪之恩。

这天,女方家开席一至二桌,新姑爷被请上首席,岳父母请来至亲好友陪席。

离开娘家前,女儿把娘早已烧好的热水舀上一桶在以前的闺房里洗澡,这是告诉娘女儿已破瓜了,行了鱼水之欢。女儿是否圆房,是娘关心的一件事。圆了房预示和顺,娘心里悬着的石头落了地。

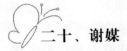

二十、谢媒

谢媒时间不一,有婚后五日、一月、次年正月等时间谢媒。时间一般由男方父母同媒人共同商定。时间虽不分迟早,但"礼行"都需到堂。备谢书一封,鞋两双(媒人夫妇各一双),猪头一个,酒两坛,菜十碗,分别装入挑盒。小俩口带着挑盒到媒人家。

临别时,媒人给小俩口打发五子线一绺,花生、枣子各一袋,给挑盒打发扣肉一碗。

丧葬习俗

封建社会对死人的叫法因人而异，并有专称，皇帝死了，叫"驾崩"；士大夫死了，叫"卒"；平民百姓死了，称"过背了""过世了""去了""走了""作古了"等等。和尚、尼姑死了叫圆寂。

死在年龄上古时也有界定，只有20岁以上的人才"有权享受"。20岁以下的人死了，称"夭""夭折""夭逝"和"少年亡"等。

一个死字蕴含着中华民族丰富多彩的丧葬文化和风俗。张家界丧葬文化浓郁，丧葬风俗独特。

一、下落气帐

病人在家里病床上快死之时，瞳孔放大了，鼻孔有了"黑尘"，人即将咽气。这时守在病床前的儿、媳、孙等亲人，立即下掉挂在床上的蚊帐，谓下落气帐。因为蚊帐形同一张网，四四方方如一座城。网丝与柱死谐音，不下掉帐子，死者的亡魂就会陷入网丝（柱死）城，不得超生。下掉帐子后，立取一个铁锅烧落气钱纸。烧落气钱纸比较通行的说法有二种，一种为儿女有孝心，让死者放心走，咽了气，少受苦。二说让亡人进入阴司，手头有钱。有钱能使鬼推磨，少受折磨。

死者咽气后，乘人体还有余温，肢体没僵直，马上为死者沐浴。赤条条来赤条条去即意于此。沐浴后给亡人穿上特制的寿衣、寿裤、寿袜、寿鞋，移放于铺在床前地上的垫单上，用白布覆盖。

二、赶信

父母去世后，子女的第一件事向亲戚朋友发出通知，这种报告丧事的通知，叫讣告，仅写明死者与发讣告人的关系及亡人去世的日期和治丧的时间。

发讣告、发帖一般是有身份有地位有头有脸的大户人家做的。一般小门小户平民百姓的父母过世后是派人向亲友送口信，俗称赶信。口信包括×××于××日老了，停放几天，何日"上山"（即下葬）。接到信的人着手准备吊丧事宜。

少年亡是不赶信的。因为是白发人送黑发人，亡者不能享受别人祭拜。

三、开路

没开路，死人不能入棺。

据说人有三魂七魄，人死后，一魂归家，一魂守墓，一魂超生。亡者下葬后，一魂由亲人唤回；一魂留在墓里，紧附尸体；超生之魂去阴曹地府，接受阎王和判官的审判，由判官判定或在地狱服罪，或转世超生。去地狱路途遥远，道路陌生，关卡重重，不能随便通过，因而要请道士施法，诵经烧香化帛开路通关，使之顺利到达，少受路途折磨。

开路前，道士制作灵牌一块，上写×公或×孺老大人姓名住址及死亡时间，摆放在亡人脚头香案上，同时用白纸或白布做成长约3尺的引路幡。引路幡系于一竹竿顶端，道士开路时拿着它边舞边唱佛曲，指引亡灵通向阴府之路。

开路有小开路和大开路，小开路只需一至二名道士，大开路要三四名道士。小开路只诵经文、唱佛曲、敲木鱼、打金钹。道士或跪于灵牌前唱佛曲，或立于灵牌前敲着木鱼唱佛曲，或手持引路幡，绕着尸体唱佛曲。小开路只需半天。

大开路不仅要做灵牌，引路幡，还给亡魂扎轿子，请关夫，写上疏等，敲板诵经唱佛曲。大开路要一天时间，是做堂小法事。

四、入殓

开路后，把亡人放进棺材叫入殓。入殓前，在棺材底均匀撒上一层筛过的火坑灰，用茶杯在灰上盖印与死者年龄相同的圆圈，圆圈上铺上钱纸，再铺被单，然后将死者放进去。尸体周围用死者生前穿过的旧衣塞满，既避免遗体移动，又让亡魂记住家。棺盖半掩半开供吊丧者目睹遗容。

入殓时棺材停于何处，颇有说法。枢停中堂是60岁以上的亡人，未满60岁的人死后，枢只能停放横堂屋。在屋外病死、摔死、溺死、被人打死等，不管年龄多大，枢只能停放在屋外搭的丧棚里，叫不把恶鬼邪煞带进屋。少年亡，开路后，枢不停放，立即上山下葬。意为不让黑发人见棺哀伤。老来丧子，中年丧妻是人生之最大悲伤。

棺材停于中堂后，在棺材的小头，即亡人脚头摆一小桌，上供灵牌，放刀头肉、一杯酒、一小碗饭，置香炉一个。桌前铺放用旧棉被或用稻草做成的拜把（有钱人铺红毡子），供吊唁者敬香跪拜。桌下放一个瓷碗，碗里装满青油，一根长长的棉捻子泡在油内。入殓后，点燃棉捻。谓之点脚灯，又称长明灯。脚灯点亮后，无论停枢多久灯光不灭。据说是阴间地府暗无天日，漆黑一片，虽经道士开路指点行径，也只能摸摸索索跌跌撞撞前行。长明灯是指路灯，给亡人照亮前行的道路，看清路途凶险之处，少受灾难，顺利到达阴曹地府。

往小方桌上酒上菜祭奠亡人，道士要吟唱"奠酒"、"奠菜"佛词。

奠酒佛词是："人死原是万事空，有知无知难苟同。灵前奠祭一杯酒，犹游物外杳无踪，开天辟地到如今，生生死死死死生；灵前奠祭二杯酒，人无神疑有神，瑶台玉宇开琼筵，羊羔美酒满斟献；家祭再奠一杯酒，人间天堂两悲欢。"

奠菜大户人家上 12 味，小户人家也要上三五味。每上一道菜道士都要唱念奠菜词。上十二道菜的祭词是：

上合菜："千张（豆皮）杂烩一锅炒，五香烹调成佳肴，初献敬奉灵桌上，悲痛欲绝哭嚎啕。"

上墨鱼："蛋皮金黄墨鱼香，热气腾腾酱醋汤，初献敬奉灵桌上，儿请父母来尝尝。"

上酥丸："敬奉亡者一颗丸，火油酥炸好香甜，初献敬奉灵桌上，伤心丸圆人不圆。"

上肚片："遗言在耳铭肺腑，肺腑之言垂千古，亚献拭泪奉肚肺，肝肠寸断苦苦苦。"

上蹄花："宰割猪腿供厨庖，蹄花喷香表心孝，亚献拭泪奉蹄花，扣肉心疼如刀铰。"

上羊肉："羔羊跪乳鸟反哺，何以人而不如物？亚献拭泪奉少牢，伤心儿父（母）顿作古。"

上鱼："难分难隔鱼和水，难分难别父（母）子情，三献拭泪奉细鳞，鱼不瞑目泪沾襟。"

上酥肉："似肉非肉炸酥肉，儿是父（娘）身一块肉，三献挥泪献酥肉，哭断肝肠刀割肉。"

上青带："青带如带色靛青，万古常青儿女情，三献挥泪奉青带，潸然涕泪满胸襟。"

上笋片："嘴尖皮厚腹中空，名人训教铭心中，三献挥泪奉春笋，言教身教心不空。"

上羹汤："山珍海味酱醋汤，满桌盛食表心肠，挥泪煲汤汤更浓,劝酒加餐梦黄粱。"

上炒骨:"素肉筋骨精心熬,齿动牙摇费嘴嚼,哀哉挥泪奉炒骨,慢饮慢嚼奠年高。"

五、做法事

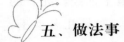

做法事是一种宗教活动,念佛经唱佛曲超度亡人,表示对亡人的悼念,也表示儿女们的孝心,其实质是教人向善行孝。

据《辞海》载:宗密《盂兰盆经》卷下,佛教新传此为,呼僧人为道士。后来这种宗教活动从寺院传入民间,道士不再是出家和尚,凡从业者皆呼为道士。

草民寿终后,请道士打道场,少则1~3人,多则8~9人,甚至10多人。道士多少由法事大小和时间长短及办丧事家经济状况而定。一天一夜的小绕棺要五名道士,做三天三夜的大绕棺要7~9名道士。三天以上称大法事,叫做好事,扬帆挂榜要10多名道士。做七七四十九天的法事叫做牛角道场。上刀山,下火海,佛、道、儒三教轮流登场,总人数在40人以上。做法事时,孝子手持哭丧棒,头戴白花箍,身披孝衫,腰拴反手搓成的稻草绳,祭拜亡人。哭丧棒是在一小段竹筒上缠上剪成齿状的白纸。花箍用四片细篾做成,一片做成圆形,还有三片与圆形篾相连成半圆形,半圆形篾上缠上剪成齿状的白纸。

大小法事都有相同点,即请水、招魂、升法、请神、奠酒、拜船、绕棺等。所谓请水,就是道士敲锣打鼓,挥着引路幡，孝子手持哭丧棒，抱着灵牌，到亡人生前饮水的水井里取水；所谓招魂，是到土地庙诵经作法发轿夫等；所谓请神，是给轿夫安位开五方，打通东、西、南、北、中去地狱的条条道路；所谓奠酒，就是道士诵经，死者的亲属在灵柩前敬香叩拜祭奠；所谓拜船，就是几名道士，一名坐着敲木鱼念经，另外几人身穿长袍蓝衫，头戴道帽，站在灵牌前，打着铜钹念经，并朝亡人跪拜。死者的儿子、儿媳、孙子、女儿、女婿、外甥等血脉至亲站在道士身后向亡人跪拜；所谓绕棺，就是道士们敲木鱼打铜钹舞动引路幡围绕着棺材绕圈跳丧舞，孝子随同道士绕棺。绕棺时，道士们边跑边唱佛曲边敲锣打鼓边把铙钹抛向空中，鞭炮声声，气氛甚是热烈。

大小法事还有一相同点，就是讨喜钱。死人本是一件悲痛的事，何能讨喜钱？按照佛教之说：人死后脱离了苦海，升往极乐世界是喜。同时，中华民族素有红白喜事之说。人满六十花甲，生为喜，死亦为喜。讨喜钱故只有给年满60岁的死者做法事时，道士才向死者亲人讨喜钱。做七七四十九天的牛角道场，佛、道、儒三教轮流讨喜钱。但讨喜钱有两不讨，即亡者的父母都还健在，即使满了六十岁，也不讨，因为他不算老。二不向亡者的平辈讨，只向亡者的晚辈讨。

讨喜钱时道士通过督倌掌握的客亲名单，在督倌带引下，向那些属于亡人至亲且有一定声望，家里殷实的人讨。唱词离开教本，随兴即编，一人主唱，众人帮腔，恭、笑、讥、讽全用上,被讨者不得不笑着掏腰包。

讨喜钱在绕棺二次,夜深人静时进行。

做法事时,亡者是男人,要破忧;亡者是女人,要破池。

做法事,不仅请道士,还要请画匠。画匠用红黄绿白紫五色彩纸扎灵屋,扎纸人纸马,做封包。死人居住的屋叫灵屋。灵屋精巧,飞檐画栋,二进庭院,正堂、厢房俱全。纸人纸马是亡人在阴间地府的仆人和坐骑,一般纸人四个,纸马二匹。封包有大有小内装钱纸,即亡人的钱包。纸人纸马和封包,在灵柩下葬后,道士在火场上诵经唱佛曲焚烧给亡人。

六、闭殓

闭殓就是在棺材的榫口敷上石灰后盖上棺盖,并用钉子钉上,亲人再看不到遗容。

闭殓时,道士舞动引路幡,紧敲木鱼,锣鼓齐响,高声诵经。亡者亲朋好友到灵牌前焚香跪拜,并绕棺一周同遗体告别。生离死别,从此阴阳两隔,儿女们伏在棺头放声痛哭,灵堂里悲声戚戚,哭声惨惨,无不动容。引路幡在道士们有力的挥舞下,在棺材上方飘舞不定。诵经声一浪高过一浪。眼看吉时已到,道士一声高叫:闭殓。一群帮忙人把伏在棺材上放声痛哭的孝子们扯离棺材,动作麻利盖上棺盖,钉上铁钉。孝子们又扑上棺头大放悲声:"养我十几春,儿没孝敬您。从此阴阳两离分,再也听不见您的声音，看不到您的人。人家有病能治好，我的×啊，您的病怎么治不好。观音菩萨啊，病魔怎不缠儿身……"数着词儿哭，别人都会搭上一把眼睛水……

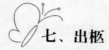
七、出柩

出柩的时间是道士依据天干、地支推算的，日子不能有煞，带煞的日子是不能出柩的，出柩会有人"赶脚"，即再死人。有时，一连几天都没有出柩的日子，灵柩则要停放几天，直到无煞日才出柩。

出柩时，首先撤掉放在棺材前的小桌。桌子的灵牌由长子抱着。若长子去世，就由长孙抱，长房为大。抱灵牌的孝子站在道士后面。道士背朝棺材面对大门，一手点燃一叠钱纸画符。一手持引路幡，口中念念有词，脚跺地三遍后，双手扯起篮布长衫，大喝一声起，锣鼓齐鸣，鞭炮齐响，8个手托棺材的人一声吆喝走，抬起棺材走出堂屋搁放在大门外的长木板凳上。一群抬棺人在棺材大小头套上粗篾箍，在棺材的二边往篾箍内穿上二根粗木杠，谓之主杠。再在木杠两头绑上棕绳，在棕绳中插进一根短木杠，俗称子杠，把绳子绞紧。棺盖上铺上垫单，垫单上面放棺罩。棺罩是用细篾扎成的四方框子，框子上糊白纸，白纸上绘有彩色图案。道士站在棺前，鼓劲挥舞引路幡，唱着佛曲。锣鼓阵阵紧，鞭炮声声高，头挽孝帕，身着孝衫的孝子跪满一地。

出柩时，4个人抬子杠，众人扶主杠。抱着灵牌的孝子走在前面，随后是一群道士，再是其它孝子和送灵柩上山的亲朋好友。抬柩的人在不断的鞭炮声中引吭高喊，"呵嗬嗬，呵嗬嗬，呵嗬嗬"的叫喊声冲上云霄。如果躺在棺材里的死人过了花甲抬柩人会玩柩。玩柩就是前面抬子杠的人双脚死死蹬在地上，身子向后仰，扶主杠的人转向，与后面抬柩人相向而立，抱着主杠向后推。后面抬子杠的人腿成八字步双脚钉在地上，扶主杠的人抱着主杠往前冲，退一步进一步，进进退退，退退进进，棺材摇摇晃晃，"呵嗬嗬"的喊声一浪高过一浪。这时，众孝子给抬柩人下跪叩头，行大礼。抬柩人对跪拜叩头的孝子视而不见，似乎要分个高低，直到玩得尽兴时，才恢复平静继续前行。

八、下葬

张家界人对先人的墓穴十分看重，墓地称之为"阴屋场"。祖先的阴屋场好，后人红红火火，事业兴旺。先人还健在时，就会请阴阳先生选阴屋场。阴屋场要后有靠山（不一定是山），地脉长远，前方朝向打凸不对垭。并依据地貌形状谓之蛇形地、龙形地、黄狗连窝地等等。但这些象形地少之又少，故大多数墓地只重地脉和朝向。墓穴挖好后，倘若不利年里朝向，棺材会寄葬在他处，待来年利向时安葬。

下葬由阴阳先生（或道士）主持，棺材抬到墓地后，孝子们脱下孝衫铺在地上，棺材放置于孝衫上。阴阳先生跳下墓穴，点燃几个稻草把热井，待稻草把燃烬后，用米在灰上画太极图，在墓穴四角用米写"荣华富贵"四个字。阴阳先生从墓穴内起来时，对着孝子喊：要人提拔（即拉扯上来）。众孝子则齐喊：有人提拔。意为先人会荫佑后人，后继有人。

棺材下井（墓穴又谓之井）后，抱灵牌的孝子跪在棺材的大头盖上，举起锄头挖三锄土。挖毕，锄头不取，跪在棺盖上喊：后头有人没有？站在井边的众孝子齐声应：后面有人。意为亡人子孙后代兴旺发达。

棺材落井后，阴阳先生站在墓穴前用罗盘定朝向精度，并说赞词："葬在龙头，代代儿孙封候；葬在龙口，荣华富贵随你走。"抬柩人用木杠撬拨棺材，直到朝向精准。然后，阴阳先生跪在棺材上撒"禄米"（亡人给后人的米），东、西、南、北、中都要撒到。孝子、亲戚都扯起衣衫接禄米，接的愈多意味着先人给予的庇佑愈多。撒正中一把禄米时，阴阳先生会问众孝子"要富还是要贵？"众孝子齐声回答："富贵两双全。"听到回答，阴阳先生讨了喜钱，方才撒米。

坟堆筑好后，孝子向帮忙人行跪拜大礼。回家时，抱灵牌的孝子按称谓呼喊着××回家。

孝子们葬坟归来，要回煞，防止其它孤魂野鬼混入家中兴风作祟。掌团（即道士领头人）道士走出堂屋大门，不回首向出柩的方向走36步后，一只腿下跪，一只腿成蹲式，烧香三炷，作揖三次，在地上画下符后，转身回走，亦不回头。

回煞后,堂屋里摆上灵屋供奉灵牌,道士对着灵牌、灵屋做法事,选火场,烧封包。

亡人下葬后,孝子们要连续在3个晚上送"烟包"。"烟包"是在一根竹竿上捆上稻草,稻草外面再缠上一匝一匝的稻草绳。匝数与死者的年龄相同。烟包烧完,亡人没有留恋了。烟包没烧完,亡人不甘心死,留恋人间。

九、报七

人死后,从死亡的当天推算第一个7天为头七,第二个7天为二七……最后一个7天为末七,共推算7个七天。如果按7天为一个时段推算出的最后一天恰逢古历初七、十七、二十七叫撞七了。撞第一个7天叫撞头七,撞头七是亡人命不好,儿孙们也运程不佳。有的会撞二七、三七、四七、五七……有的人死后不撞七,人们会说,亡人没给后人留下吃穿。

撞七或不撞七都会报七,即在某天请道士做法事烧灵屋。报七分为木鱼七、响七。木鱼七只一名道士敲着木鱼做法事,故称木鱼七。响七请三个以上的道士做法事,打锣、打鼓、打钹故称响七。报响七还请画匠扎封包。

报七后烧掉灵屋称除灵。把灵屋和封包放在平平厚厚的稻草上焚烧。第二天清晨孝子们会赶到除灵火场,看稻草灰上留下什么足迹,推测亡人已脱生成什么。

有的报七时,灵屋不烧,在家供奉一年,每逢节日,亡人生日都在灵屋的牌位前上香烧纸。忌日一周年后再请道士做法事除灵。

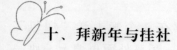

十、拜新年与挂社

人死后的第二年称之为新年。亡者的亲朋好友会拜新年。拜新年除备通常拜年的礼品外，要到亡人坟上烧钱纸，放鞭炮。

拜新年一般由亡人家的长子定下日期，如果亡人儿子各自独立门户，则由各家自定。亲朋好友相约同去祭奠，给亡人家里增添新年喜气。

每年的清明前，张家界称为社。先年死的人，在第二年要挂社，在亡人坟上烧钱纸放鞭炮，坟堆上插彩幡。挂社不同于清明祭祖，清明祭祖只有本家子孙后代祭祀先人。而挂社，亲戚挚友可一同前往。

"挂社"是对死者的怀念。新坟上插满万民伞、幡等祭品，则显示亡人生前和后代人缘好、朋友多，感到荣光。

生产、生活习俗

张家界地处武陵山脉向洞庭湖平原过渡区，地形复杂多变，既有河谷平原，也有丘岗山地；既有高山方台平地，也有云中梯田。水系发达，溪河纵横。汉、白、土、苗等30多个民族和睦混居在河谷平原及溪涧盆地等处，长期的民族融合，形成了丰富多彩的生产、生活习俗。

一、祭水神

张家界人崇拜水，认为它能给人带来福音，也能给人带来灾难。每逢过年，家家户户都祭水神。祭水神由每户的当家人主祭，端着放有猪头、酒杯、茶叶和五谷的茶盘，先到饮水井边焚烧香纸奠酒，把五谷茶叶撒在水井中，顶礼膜拜，祈求水神赐给长流水，让一家人饮水不难。然后端着茶盘走到溪水畔，亦焚香烧纸奠酒。把五谷茶叶撒向流水中，祈求水神让溪水长流，灌溉滋润农田，少发洪灾，保丰收。

二、开秧门与"糊仓"

中稻是中国南方的主打农作物,从盘古开天地,张家界地区习惯栽中稻。这种传统直到人民公社化才被打破,开始种双季稻。但尽管时代的车轮转到了21世纪,种植中稻的习俗仍在张家界延续。

栽中稻农事不紧,播种不早。"穷人莫听富人哄,桐籽开花就泡种"。桐籽花开,春阳高照,大地回暖,万物向阳,谷种下田不会烂。张家界的先人们把中稻播种期拿捏得精准。

播种前,要把谷种用水浸泡两三天,然后用箩筐装上,盖上一件破棉衣,每日早、中、晚浇温水催芽。谷芽撑破谷壳后把谷种撒在秧田里。谷种下田后,晴天晚上要"放露",让谷芽"扯露水",白天再灌上水,防止太阳把谷芽晒蔫,四五天后,秧田里白花花的一片。

秧苗在"娘田"(秧田)生长30天后"满月"了,农家准备"开秧门"了。"开秧门"就是第一天栽秧。栽秧是一年生产中的大事,对全年收成起至关重要的作用。因此,农人十分看重"开秧门"。大户人家会请算命先生挑选一个财运旺盛的日子"开秧门"。一般农人也会拿着"历书"挑日子,避开"杨公忌"即"阳雀日"。在"阳雀日"这天"开秧门",或收成欠佳,或谷子成熟后被鸟儿吃掉。

"开秧门"这天,东家既忙碌,又洋溢着满堂喜气。女人们磨豆腐,做粑粑,煮腊肉,忙"栽秧饭"。一家之长的男人，天刚蒙蒙亮时就起床，梳理好一把把斩头剁尾的稻草，供栽秧师傅扯秧时捆秧用。栽秧师傅进门后，祝贺主人"秧门开得早，财星当头照。谷穗如棒子，年年日子好。"在一片喜气声中，主人奉上一大碗或放红糖，或放猪肉、盐、辣椒粉的爆米，让栽秧师傅"过早"。

"开秧门"的早饭特别丰盛，煎豆腐、油粑粑、香肠、腊肉、蒸蛋等整整12大碗，满满一桌。这天吃的腊肉不是腰条肉，也不是后腿肉，而是"项圈粑粑"。项圈是猪头和前腿间的五花肉，一头猪只有一个项圈。杀年猪时割下熏制好后，过年不吃，来客不吃，留到栽秧吃。主人把煮熟的项圈肉切成巴掌大的块，一桌两碗，顶上面一块最大，称盖碗肉。栽秧师傅上桌就餐一般不轻易动筷夹肉。直到大家公认的栽秧高手夹去盖碗肉后，才动筷把香喷喷的项圈肉往饭碗里夹。如果有人不识相，上桌就吃盖碗肉，栽秧时就"有戏"看。栽秧高手会说："敢吃盖碗肉，想必本事大，下田第一个。"

栽秧时，栽秧师傅会不顾主人的安排，坚持从大田开始，把他排在前。顶尖高手紧随他，要关他的"猪儿"，出他的"丑"。关"猪儿"就是后面的人超过前面的人，给他留一个凼，让他在凼里栽秧。有年，慈利县岩泊渡一户人家请10个栽秧师傅"开秧门"。他只有两丘田，一叫百担丘，一叫半百担。一个毛头小伙，仗着自己手脚还麻利，上桌就吃盖碗肉，栽秧时在众师傅的轮流追赶下，硬补了一天的"凼凼"。因此，慈利一带流行这样的话："主人请我开秧门,招子要亮认清秤。嘴巴莫馋要管紧,不然累得田里困。"

秧栽完那天叫"关秧门",亦称"糊仓"。这天喜气在田野中飘后荡,栽秧师傅二个一伙,3个一群,偷着商量"糊仓"。"糊仓"就是在栽完最后一丘田的秧往主人身上抹泥巴,主人身上沾的泥越多越厚越高兴。这天东家的主妇也来到田边,让栽秧师傅糊泥巴。栽最后一丘田的秧时,主人站在田埂上同栽秧师傅拉这扯那,领头的栽秧师傅佯装不理,用眼角瞟着睃着人,冷不防,双手捧起一团稀泥往主人夫妇身上摔去,号令一下,其它师傅捧起泥巴往主人身上糊。主人装作一边跑,一边躲。栽秧师傅一边赶,一边糊,一边喊:"糊仓,糊仓,泥巴满身,谷子满仓。"这时,东家不再跑了,任凭栽秧师傅"糊仓",糊得只看到两个乌黑的眼睛,大家方收手。

大呼隆生产时,队长成了"一家之长",全生产队的人给他糊仓,在数10双手的努力下,队长抱拳求饶:"莫糊了,仓满了。"男男女女喜喜哈哈方罢手。

糊仓既是栽秧的结束,也是夺取丰收的起点。因而,糊仓饭同样十分丰盛,而且情趣别样,主人和栽秧师傅一道大块吃肉,大碗喝酒,划拳行令,说四言八句(顺口溜),不醉不休。四言八句一般以栽秧为题,并有特殊句式和词语。主人先说,栽秧师傅轮流来和。如主人:"田儿弯弯,拉犁的牛轭弯弯,栽秧船儿直直端端,结的谷子两头尖尖。"栽秧师傅说:"镰刀弯弯,栽秧的人腰儿弯弯,夹菜的筷子直直端端,吃饭的嘴巴两头尖尖。"这算对上,没对上或对不出要罚喝酒罚吃肉。

"开秧门"和"糊仓"这种习俗至今依然流行。

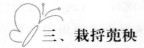
三、栽抒蔸秧

张家界地处武陵山脉腹地,境内山脉逶迤,层峦叠嶂。山区日照短,水温低,多山荫冷浸田。秧苗插下后发黄期长,为缩短发黄期,让栽下的秧苗长出新根就有"奶"喝,山区"栽抒蔸"。

"栽抒蔸"要用栽秧船。栽秧船两尺多长,尺余宽,八寸高。山区农家一般有4到8只栽秧船。栽秧船一般用比重轻的杉木板、梧桐树板做成。板材厚6分左右。没有船头船尾之分,前后一般宽。船打好后,三伏天时,用桐油油漆三遍。每年栽完秧,洗净晒干后又用桐油油漆一次。油干后码在屋里的阁楼上,第二年栽秧时取下来洗去灰尘,扛到田里再用。

栽秧时,土杂粪装在船上,一只船能装用撮箕挑的一担土杂粪。栽秧师傅在船尾放上几把秧,船紧靠右腿,左手握秧,右手从左手分出秧苗后,从船里抓一把土杂粪抒在秧根后插下,谓之"抒蔸"。栽完两行要用右手把栽秧船向后扒动。"栽抒蔸"有专人挑粪、上粪。

"栽抒蔸",田里要有水。水深了不行,秧苗被水封顶后影响生长,无水或水浅了也不行,装粪后的栽秧船用手扒不动,栽秧既慢又费力。

"栽捋蔸"怕被人"关猪儿",补凼凼。被人"关猪儿"后,四周都是栽的秧,栽秧船儿不能推,栽秧师傅只好费力搬,弄得一身泥巴。如果船内装的粪多,还要喊人帮忙抬,会被人当作笑柄从年头讲到来年插秧时。因此,"栽捋蔸"更是你追我赶,风生水起,直到从田头栽到田尾栽秧师傅方伸腰透口气,擦把汗。故山里人说:捋蔸捋蔸,汗水长流,累成驼子,年年照旧。

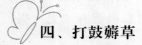

四、打鼓薅草

打锣打鼓吹唢呐,唱山歌薅草,会被人视为荒诞,可这确实是张家界曾存在过的一种劳作习俗。

张家界山多耕地少。解放前水稻产量也不高,农民为了生存,烧荒种玉米。

阳春二月,农民们你帮我,我帮你,用一把锋利的弯刀把荒山上的灌木、荆蕀、野草砍倒,太阳晒干后,放火烧荒,成片的山地烧得一片焦黑,地上留下一层灰。被熊熊大火烧得蓬松的山地,含丰富的钾、磷等矿物元素。在这肥沃的山地里种玉米,玉米棒子个个尺把长,粒儿饱满肥大,产量比常年耕种的旱地高。

烧荒种玉米面积大,成千上百亩,一望无垠。种一季玉米锄两遍草。四月锄扁草,玉米苗是扁状,故叫锄扁草。五六月玉米抽穗时,要薅顶花草。锄扁草,玉米苗不高,春风和煦,感觉轻松。锄顶花草,玉米苗有四五尺高了,骄阳似火,锄草的人,上烤下蒸,如蹲蒸笼。抬头不见天,满眼玉米杆。午饭蹲在"玉米林"中吃,茶水在"玉米林"中喝,烟也在"玉米林"中抽。劳动的辛苦劲,烦闷味不用说。因而人们说锄次玉米"顶花草",人要脱层"壳"(皮)。为给这辛苦的劳动创造一种轻松愉快的气氛,聪明的张家界先人就打锣打鼓吹唢呐,唱山歌。

这种劳作习俗没有文字载,据说起源很早。桑植、大庸(永定)、慈利等县(区)都有这种劳作习俗的口头流传。据传慈利县南山坪白果庙有个财主,每年要种成百上千亩玉米,年年雇请7,8个长工锄"顶花草",在老财的威逼下,长工们顶着烈日,成天在"玉米林"里劳动,个个嘴开裂,唇起泡,背脱皮,累得皮包骨。最后,实在锄不动了,大家聚在一块咒骂狠毒的太阳不"打烊"。咒骂黑心的老财,没长人心肝。在一片怨恨声中,一个长工想起了女友,用嘶哑的喉咙低声哼唱:"四月插秧叶叶黄,插个大行对小行,插个星子对月亮,插个小妹对情郎。"

大家精神一振,疲惫的身子如同酷暑难耐时,被清凉的雨水周身淋透了格外爽快。要他不再锄草专唱歌。在歌声的鼓舞下,疲劳丢了,劲来了。唱歌薅草也从此流行开来。并渐渐演变成打锣打鼓吹唢呐,唱山歌的形式。鼓手、唢呐手一般请当地熟此道之人担当。歌手则由东家姑娘、儿媳妇出场。如果东家女儿已出嫁,儿媳未进门,则请村子里嗓音好,会唱歌的女人当歌手。鼓点、锣声、唢呐声韵和歌声节拍,更增添了艺术氛围。歌词大都以情歌、山歌、民歌和《三国演义》《水浒传》《梁山伯与祝英台》等历史故事为主,与生活和爱情习习相关,增添了愉悦。如"露水草儿青又青,妹妹在家放宽心。哥在外头刨金银,来年与妹好成亲。"歌者有时触景生情,即兴创作:"唱歌妹妹看着哥,人家一锄薅丈多,哥拿锄头慢慢磨,哥做懒鬼成家难,打了单身磨难多,要想床上有窝脚,哥哥薅草鼓了劲,妹妹来做红娘婆。"

打累了,吹累了,唱累了,人便休息。薅草的后生仔们便放开喉咙逗歌:"哥哥薅草半时辰,不闻鼓声和歌声。只要妹妹放得心,哥放锄头睡二更。"于是,歌声再亮,锣鼓又响。

打鼓薅草歌有歌头、扬歌、请神、见人图、送神等程序。歌头、扬歌、请神、送神都有固定唱本,只有见人图是即兴编唱。

歌头为:"东边一朵祥云起,西边一朵紫云开。祥云起,紫云开,薅草儿郎下地来。"

扬歌是:"鼓打一锤,歌声一扬。歌姐今日请神灵,接天接地接龙神。上请苍天张玉皇,下请地府十阎君。高山高岭修大庙,平阳坦地开坛门。鼓打二锤,歌扬二声,惊动天上太白星,惊动八仙张阁老,施法砍断梭罗树一根。鼓打三锤,歌声万里响,鳌鱼扇翅赴歌场。鳌鱼扇翅千山动,丹桂花开万里香。"

请神歌是:"请神请五位,聪明正直保。车家五兄弟,一一都请到。一请车先聪,打马游天空。玉皇面前去讨封,封他坐天宫。二请车先明,他也讨封赠。封他地府土地神,地府守大门。三请车先正,各取其所能。封他桥梁土地神,桥上显美名。四请车先治,领旨下凡来,街坊地盘他把持,城隍土地职。五请车先保,他也讨封了。封他人间管青苗,职责真不小。天旱和水涝,虫灾瘟疫到,全靠他管好。日夜多操劳,百姓修寺庙,逢节把香烧。"

送神歌是:"五位土地神,来扬福禄去留恩,感谢道不尽。四仙转回程,先保留下不转身,保佑人间好收成,年年受人敬。"

大庸县(今永定区)打鼓薅草歌一般为4字句,句尾押韵,歌师傅一人唱上句,另一人接下句。

五、水碾坊

张家界溪涧甚丰,水流落差大。水流量大的溪涧上都修有水碾坊,农民在这里把谷碾成米。

水碾坊内有礧子、碾槽、碾滚、水轮等,件件碾米器具都是圆形的。

礧子形同石磨有两扇,下面一扇固定,上面一扇在水轮带动下转动。上扇有口,一个漏斗状的竹篓子与口相接,谷倒进漏斗中进入礧子口,礧子转动,谷粒被礧槽的木片磨得"皮肉"分家,成旋状从礧槽中喷洒出。

礧谷是碾米的第一道工序,礧子是碾米的第一个器物。打礧子先用篾织一个圆筒,安上底,在底板铺上寸厚的用罗筛筛过洒过水,手捏成团,手松即散的黄土粉,把干透的薄栎木片插在黄土粉中,用锤、木楔把黄土粉捻紧后,再铺黄土粉，又插木片，又捻紧，如此反复，直到尺高。礨子打好要试礨，不蹦蹦跳跳方能使用。

碾子有碾槽和碾滚，碾槽一边的石块成瓦状，另一边是石匠用錾子凿出有一条一条石棱的石块。做碾槽，先在地面上画出两个大小不一的同心圆。把两个圆之间的土挖出成圆环土槽，在环状土槽底面铺上小条石后，先镶拼瓦状石块，后拼有棱的平面板石。碾滚也是一个錾有石棱的厚厚的圆石滚，一根稍成弓状的树一头穿过碾滚，另一头与露在两个同心圆圆心处的旋盘立柱相连，旋盘转动，碾滚在碾槽滚动碾米。

旋盘是碾坊的主器之一，直径丈余。做旋盘的立柱要粗，要直，木质要硬，一般选用樟、梓、楠、杉、松等木材。粗的一端打上6个孔，铆紧6根成散发状的梁，在梁与梁之间用方木做成两个圆面，在大小圆面留下的圆环上安槽板。水冲击槽板，旋盘就转动。

建一座水碾坊要木匠、岩匠、礨匠、篾匠，所需匠人颇多。

水碾坊不仅是碾米的地方，也是农民在一块碾米敞开心扉交流的场地，论收成，说谷种，谈养牛，话养猪。一些树叶子掉下来怕打破脑壳的胆小人，在村里受了气，不敢说，就到这里来，这里是他们隔着"三十里骂知县"的地方，"日你妈，老子不怕你"，脸红脖粗发着狠。

水碾坊既是张家界人生活中不可或缺的部分，也是一道风景，更是历史的见证人，它记录着农家的苦与乐，记录着农家的温与饱……

六、香磨坊

香磨房又称香棚。棚者陋屋也。香磨坊陋屋里无圆溜溜的石磨，只有石碓，石碓"乓乓乓乓"乓香粉。

香磨坊建在水量丰盛且水头落差大的溪流畔，把水的势能转化成动能乓香粉。张家界市慈利县岩泊渡镇罗家溶溪、延岔溪水源丰盛，溪水终年哗哗奔湍，故这两条溪流上香磨坊众多。延岔溪300多米的一段溪流上曾有香磨坊五六座，无论是端午中秋，还是春节元宵；无论是栽秧种豆，还是秋收秋播；无论是大雨滂沱，还是鹅毛大雪，一年四季水声哗哗，水轮吱吱，石碓乓乓，香味飘渺弥漫，香袭怡人。曾引来不少文人墨客观水轮看香棚，吟诗作对。明朝诗人刘宏宣游览后赋诗曰："大道贵自然，圣人宝其智。阴阳运两轮，乾坤转磨类。神施与鬼设，其理自平易。恶彼小智辈，穿凿捐天意。璇玑妙规天，转蓬观地行。一御落中古，万代食其利。尧禅暨汤征，机轴本无二。因势为利导，莫之致而至。岂但文命禹，行其所无事。"可见岩泊渡乓香粉，做神香的历史悠久。

座座香磨坊都在溪上流筑一座蓄水坝，沿坝口修一条水渠，水渠长10米、数10米不等，水渠与磨坊地基平面的落差在3米左右。

香磨坊由水轮、碓槽、石碓构成，每座香磨坊的模样一样，即一间茅草房，房的一端是水轮，房后是轮轴。轮轴是围径 2 尺以上笔直无丁点弯曲 3 丈破头的松、枫、樟、梓等木。轮轴一端有二组木孔，每组 8 个。在八个木孔中铆紧八根长度相等的方木桩，作为水轮半径，把弯月形的厚槽板与方木桩铆紧。槽板之间用榫口卡紧，遂成两个圆面。在两个圆面槽板的槽口装上倾斜的木板，水渠的水沿木质水槽斜涌而下，冲击其上，水轮就可旋转。

香磨坊内只有碓槽和石碓，别无它物。石碓一般 4～6 个，长 1 米左右，选用坚硬的石灰岩或青石做成，两端粗细不一，细的一端为碓颈，粗的一端为碓嘴。细的一端与用檀树、岩稠树、粟树、枣树等硬木做成的碓杆相连。水轮在水的冲击下转动时产生的动力通过成十字形横穿在轮轴上的木栓传送到碓杆上，石碓乒乓工作。

香粉分为神香和白木子。敬神的香粉原料一般是牛荆条、壳子叶、张木楠、蔷薇木等。从山上砍回，晒干挑至香棚剁碎，倒入磨坊的木槽中，石碓冲臼一天一夜成细粉。筛过的香粉用围垫稻草纸的竹篓装上，销往本地、津市、汉口等处做神香。白木子以松木为原料。松树砍倒后，劈成木块晒干，再劈成细块倒入碓槽，乓成白木子。白木子制蚊香和照明用的白水香，因颜色微白，故称白水香。白水香淋上桐油后可照明。

做香是把竹块劈成一根一根的细签，细签淋水后反复在香粉中滚动沾附香粉，干后，又在上面喷水沾香粉，如此反复数遍，一根香才做成。做成的香晾晒干成神香或白水香。

慈利县岩泊渡乒香粉历史悠久,做香也历史悠久,至今仍有农民在做香。

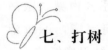
七、打树

打人、打狗。张家界还有打树的习俗。

张家界雨量充沛,气候温和,土壤类别众多,适宜果树生长。因而,不论是河谷盆地还是山丘,每户农家房前屋后都见缝插针地栽果树,空坪隙地多的农户还有小果园。一年四季桃花红、梨花白、桔花香。

房前屋后种水果是庭院经济,能让农户家庭经济活跃,春卖桃李和枇杷,秋卖桔子、柚子和梨子,进袋子的钱虽然不多,但也能细水长流,钱袋子不会空空。同时还能饱肚子,素有"中午不开锅,桃子李子当饭嚼"之说。因此,张家界农民种植水果的历史悠久,氛围浓郁。春节前后,集市上的水果苗成为农家的抢手货。有年春节,慈利县岩泊渡一张姓农户到场上置办年货,看到桔子苗、梨子苗后把买鞭炮的10元钱全买了水果苗。对随行的堂客说:"今年过个哑巴年,果树长大结果换钱后,再买抱大的一捆补数。"

由于养分供应问题,果树有大年小年之分,大年结的多,小年结得少。为让果树年年结的果子又多又大又甜。于是,张家界有"打树"习俗。"打树"一般在立春前后。"打树"时,大人一手拿木棍,一手握米饭,引着几个孩子到果树下,用木棍一边打树,一边问:"果树结不结?"孩子们齐声回答："结。""结得多不多?""多。""大不大?""大。""酸不酸?""不酸。""甜不甜?""甜。"打问完毕,把手中的米饭向树顶撒去。站在树下的孩子齐声喊"撒一粒,结一担。撒一把,结一屋。"有的打问完毕,不撒米饭,而是晚上在果树下泼一碗饭,意为果子结得像饭坨。

"打树"还有一种打法,即大人拿着木棍,引着孩子到果树下,给站在身边的孩子突然一耳光,孩子不明就里,哭了,泪水成串洒。大人边用棍打树,边自问自答:"哭没哭?结不结?""喜得哭,结一屋。"这种"打树"方式,会闹许些笑话。张家山一农户,家里有柿子园,引着孙子打树,孙子挨了一耳光,哭了。爷爷自问自答时,孙子边哭边跑大声说"把我打疼了,不结,不结,就不结。"爷爷虽然心中窝火,也只好作罢。

张家界不仅有"打树"习俗,还有"压枝"习俗。"压枝"就是摘水果时,树上的果子不摘完,要留一二个"压枝"给树吃。树有果子吃来年会多结,让自己再有吃的。因此,无论是桃树、梨树,还是桔树、枇杷树,每棵树上都会留下几个肥硕的红彤熟透的芳香诱人的果子。"压枝"果子被孩子摘下,大人不高兴,会骂人、打人。

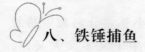

八、铁锤捕鱼

张家界市域主要河流是澧水、溇水,纵贯市境。境内溪涧众多。这些溪涧发源于大山之中,沿着溪谷叮叮咚咚奔湍。青山给了它们一副好"身胚",水质极好,含氧量高。因而水生动物丰富，溪水中悠哉游弋生息的鱼、虾、龟、蟹比比皆是。

这些溪中的鱼个头都不大，喜欢结伴在阳光下游弋。因而，晴天站在溪边的墈上，一眼就能看清浅水中的鱼群。

山里人捕鱼不用网，一些有鱼的溪涧也撒不开网。同时山区溪涧石头众多，石头缝隙是鱼群栖息的理想场所。于是山里人发明了一种特殊的捕鱼工具——铁锤。

下溪捕鱼时，站在岸上，用手在额头搭个"凉棚"，瞅准鱼群的位置后，随手捡起几块石头砸向溪水中，胆小的鱼群受到惊吓，慌不择路，见石头缝就钻，逢岩就藏身。于是，手持铁锤的捕鱼者轻手轻脚走到溪水中，抡起铁锤逢石就砸，然后翻开石头，一条条被震晕了的鱼便漂了起来。捕鱼人伸手抓住放进鱼篓，或用一根细麻绳串在鱼腮上挂在腰际。沿溪乒乓半个时辰，餐桌上便有了一碗鲜嫩可口的山溪野生鱼肴。

不知是山里人慵懒，还是山里人聪明。后来，山里人捕鱼，铁锤也不扛了。徒手走下水在水里捡起几块石头信手扔。然后，从水中搬起一块大石头，高高举过头，用力往水中石头砸下，翻开被砸的石头，鱼儿漂上水面……

武陵源索溪有种鱼体形滚圆，形似树棍，名曰"棒棒鱼"。从黄龙洞至水绕四门的溪水中俯首可见。

索溪"棒棒鱼"肉质鲜嫩肥厚，鱼刺细脆可嚼。索溪峪旅游刚刚兴起时，当地农民用索溪"棒棒鱼"招待游客，被客人奉为人间佳肴。有次，一群广东小伙在一餐馆就餐，仗着平日什么海鲜没见，什么海鲜没吃，对餐桌上的索溪"棒棒鱼"不屑一顾。可吃后大呼好吃。餐后，结伴下溪捕捉，在溪水中扑腾了近两个小时，仍两手空空。回到餐馆央求老板带他们捕鱼，并给工资。餐馆老板是当地人，知道怎么捕捉"棒棒鱼"，扛起铁锤就往溪里走去，这群小伙子傻了眼，摇着头跟他下了溪。站在溪水中，他捡起几个石头乱扔，小伙子讥笑说：鱼被你吓跑了，捕什么鱼。他对客人略带指责的话充耳不闻，在溪水中蹑手蹑脚移动，走到一块石头前，抡起铁锤狠狠砸下，再搬开石头，一条条白花花的"棒棒鱼"漂浮在水面上。小伙子们惊呆了，忘了捉鱼。震晕的鱼活了过来，死里逃生快速游跑了。餐馆老板说：鱼在铁锤的狠砸下，只震晕，漂起来后，很快会活过来，要立即捉住。

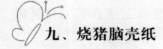

九、烧猪脑壳纸

猪脑壳称之猪首，杀年猪把猪脑壳腌熏好后，背着猪头到庙宇中祭祀天地神灵称烧猪脑壳纸。

张家界慈利县岩泊渡有座碚云山。碚云山风光旖旎，峰岭直插云端，常年云缠雾绕。晴日站在山顶极目南眺，平平坦坦的河谷平原尽收眼底，万顷沃野成方成矩，南北铺展，东西伸延。碧绿发亮的澧水似镶嵌在河谷盆地中央一条曲折飘逸的玉带。平川原野上房宇栉比错落有致。回首北望，古木森森，灌木丛丛，山峦层叠，衔接天涯。东西回眸青山逶迤起伏，似一条腾空青龙不见首尾。清诗人朱上瀛赋诗曰:"忱溇带澧郁崔巍,谁割南衡左股来。藏首自含高隐意,成名毕竟出群才。朝岚入户衣衾湿,午日当空眼界开。有约炎天还信宿,要看下界走风雷。"

碳云山顶有一平地,宋朝年间在平地上始建碳云寺庙,号称齐天大圣。有了寺庙后,碳云山被当地人叫碳云寺。寺庙四周皆白色墙体,在阳光照射下,熠熠生辉,站在岩泊渡平阳中,可见庙宇高高,直指苍穹。庙周林木茂密,寺庙掩映在一片绿色之中时隐时现,更增添了几许仙风道骨。

碳云寺的齐天大圣灵验。齐天大圣生性疾恶如仇,不惧欺压,锄强扶弱,好打抱不平,当地百姓奉为福神财神。形成一个独特的祭祀习俗:给齐天大圣烧猪脑壳纸。即背着猪头、猪尾巴和猪血豆腐朝拜祭奉。当地人说:孙悟空和猪八戒保唐僧西天取经时,猪八戒总在背后搞孙悟空的名堂,孙悟空没少背冤枉。西天取经回来,二人虽一同位列仙班。但当地人不齿八戒所作所为,仍为孙悟空打抱不平,修了这座庙,用猪头祭祀齐天大圣以示尊敬和对猪八戒的鄙夷。

猪血为财,俗有"血财"之说。烧猪脑壳纸意为祈求齐天大圣驱魔逐邪,保佑一家从年头到年尾平平安安,人畜兴旺,五谷丰登。旧时,农民没有多少财路,每年能喂出几头膘肥肉满的大壮猪也是一年丰硕,来日有望。故每年冬腊月,背着香味十足的猪头、猪尾巴和猪血豆腐到碳云寺烧猪脑壳纸的农民络绎不绝。

星移斗转，日月轮换。一个世纪又一个世纪过去了，但到醴云寺烧猪脑壳纸祭拜齐天大圣的习俗，至今仍在延续，尽管寺庙在"文化革命"破"四旧"时被毁，只剩残垣断壁，冬腊月间山顶仍然鞭炮声声。

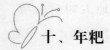

十、年粑

张家界做年粑的习俗源远流长。30多个民族融洽混居，年粑做得丰富多彩，花样翻新。年粑丰富象征家庭殷实，主妇勤劳贤能。因此每逢春节，家家户户年粑香。

做年粑的原料是糯米、大米、黄豆。三者比例，不同的粑粑有不同的要求。

发粑粑：这种粑粑用发酵的米浆做成，故称发粑粑。做发粑粑把糯米、大米、黄豆按一定比例混合用水浸泡后，用石磨磨成粘稠的米浆装在缸里发酵。当稠稠的汁浆顶面微微向上隆起，发酵已好。倒在一个木盆里舀一瓢用桐叶或芭蕉叶包好放在架在锅上的蒸粑粑的竹撒子上，用大火蒸熟。发粑粑松软香甜，易消化，老幼皆宜。做发粑粑要掌握关建火候，磨出的米浆不能太稀也不能太稠，太稀不能包，太稠粑粑硬。发酵过头，则粑粑不甜有酒味。

印印粑粑：有发酵和干粉两种。发酵的印印粑粑前期制作大体同于发粑粑，把糯米、大米、黄豆磨成浆发酵。蒸印印粑粑时锅里放上竹撒子，竹撒子上面铺细布包袱，包袱上放大小一致，连成一体高约半寸的竹圈，把发酵好的米浆用粑粑瓢瓢舀一瓢倒进圈里。蒸熟后，用一截劈成十字架的细竹蘸上红曲或用一支筷子蘸上红曲,再在雪白的粑粑上盖一个个红印儿,故称印印粑粑。

干粉印印粑粑是把糯米、大米,搭配好,干磨成粉。用饭甑把粉子蒸熟,熟粉做成粑粑后,放在特制的木模具中,模具雕有梅花、兰草等图案,用力挤压,图案就印在粑粑上了。

印印粑粑显得喜气,属上乘年粑。

干粉粑粑:是把糯米、大米、黄豆搭配好后,用石磨磨成干粉,往干粉中添加适量水,用手揉搓成软绵绵的粉团,捏一砣粉团做成粑粑,放入锅中用油煎,煎时放少许盐或红糖,煎熟后,外表金黄微红,香味扑鼻,入口脆软,营养丰富,可做菜,可做副食,属上品。

腰子粑粑:腰子粑粑呈椭圆形状,形似腰子(肾)故名腰子粑粑,又称门栓粑粑。这种粑粑的做法是以糯米、黄豆混合浸泡后,用石磨磨成浆,把米浆用细布包袱包上用一扇石磨压在盆内,水压干成雪白如银的米粉砣子。用手掰一块捏、搓、挤成长条后,再在中间放上芝麻粉末或肉丁或红糖拌熟黄豆粉或酸辣腌菜等,折合后用手压紧,用棕叶从中间包上,放入锅里的竹撇子蒸熟。这种年粑糯性强,嚼劲足,中间包有佐料分外芳香。于是人们说:粑粑未曾见,但闻粑粑香。由于"心子"的调料有咸有甜有酸有辣有香,口感更好,倍受青睐。

糍粑:糍粑是倍受土家人钟爱的年粑。糍粑主要是由糯米、少量大米做成。糯米、大米混合搅拌均匀后,洗淘干净浸泡后蒸熟。蒸熟后的米饭分批放入一个圆形，高约尺许外表粗糙，内面凹下光滑的凹中，俗称"粑粑凹"。人用木槌用力往凹中打，称"打糍粑"。打糍粑一般要两人以上，俩人打叫挖对凹，即你打一下，我打一下。三人以上打时，大家边打边围着粑粑凹转动。在木槌有力的打捣下，米饭渐渐成白色黏团，越打越黏，木槌扯起有带状黏丝后，打粑人用木槌抬起黏团放在支撑好的木板上，一干女将伸出抹上菜油的双手，把黏团揉推成圆状条形，用刀切下一块，用手揉搓成糍粑。

糍粑凉透叫"收汗"，"收汗"后的糍粑叠起来用木板轻压一个晚上，第二天再一个一个掰开，放进一个有水的大缸中浸泡。常换水不变质，能吃到次年四五月份。

糯米黏性强，打糍粑需要力气。因而张家界人说：糍粑好吃，打粑难，打天糍粑手发酸。

每逢春节，亲朋好友互相拜年时，主人端出形形色色，样式考究的粑粑，供客人选用，在烈火熊熊的火坑中烤来吃。

年粑十之有九是圆形，象征着旧的一年团团圆圆结束，新的一年团团圆圆开始，这可能是张家界人喜欢年粑的原因吧。

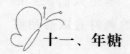

十一、年糖

吃糖嘴甜心也甜，有糖吃的日子甜。做年糖的习俗在张家界代代相传。每年冬腊月，农家户户熬糖，家家做糖。

村村寨寨糖飘香。熬糖原料是大米、玉米、红薯等。大米、玉米磨成粉，红薯要焖熟。大米、玉米粉子加水煮熟，焖熟的红薯捣烂加水再煮沸。然后，加入麦芽，待清水后，舀出来用包袱过滤，反复三四次后，糖份基本尽了，糖渣倒入猪草缸中作饲料，糖水倒入锅中熬煎。

煎糖要用干柴，柴干火烈，水分蒸发快，糖易熬出来。糖熬好后按不同原料的糖用不同的陶钵盛装。

熬好的糖再次软化后，挂在磨把上用力拉扯，糖氧化后渐渐由咖啡色变成白色，称为白糖。白糖扯拉时能拉扯到丈多长。扯拉的时间越长，糖越白，糖内的气泡就越多，愈松脆，愈易敲成碎块。拉扯好的白糖盘成饼，放进装爆米的坛中，客人来后，从坛中取出，用糖锤打成碎块食用。

一种原糖添加不同的辅料制成多种不同的糖。

爆米花糖：原糖软化后取出放入装有爆米花的簸箕中，用力搅拌揉搓，让米花均匀沾上糖，拍打成温软的长方形条块，然后用菜刀切成薄块，即成爆米糖。爆米糖松脆，既有甜味又有爆米香味，是上乘年糖。

玉米花糖：把软化的糖和爆玉米花倒进锅中，搅拌均匀，然后捏成球状。玉米花糖亦香亦甜，有嚼劲。正月间小孩放牛、砍柴带上山当午饭。

芝麻糖：在软化后的糖中倒进炒过的芝麻，搅拌揉搓拍打成条，用刀切成薄片。芝麻糖香味十足，松脆可口，是年糖中的极品。

薯片糖：把用红薯制成的薯片炒熟后倒进软化的糖中，

搅拌均匀,捏成坨或切成块,薯片糖回味甘甜清香。

姜糖:把生姜洗净切成薄片晒干打成粉倒进软化的糖中搅拌,原糖扯成条后,用刀切成长方形、三角形等不同形状的糖块。姜糖又辣又甜。生姜除湿开胃,是具有保健功能的年糖。

花生糖:花生米炒熟后和软化的糖混合搅拌揉搓成条块,切成薄片或小长条。为了增加美感,把小长条花生糖在温软时扭成"S"形,这种形状的花生糖又名"扭扭糖"。花生糖香甜可口,属年糖中的佳品。

绿豆糖:绿豆炒熟磨成粉和糖液混合,揉搓成条,温热时切成片、块。绿豆有血液清道夫之称,故绿豆糖是上乘保健年糖。

粉丝花糖:红薯粉丝用沙炒成粉丝花。把粉丝花和软化的糖拌混揉捏成团或长条,切成块、片。粉丝糖与爆米糖有点异曲同工,但口感不同。

豆丝糖:豆丝糖细如豆芽,故名豆丝糖。做豆丝糖先把玉米或黄豆炒熟磨成粉,装在簸箕里。原糖软化后倒进簸箕中冷却,糖温软时慢慢从中间把糖扯拉开一个洞,然后两人用双手从中间向外拉扯,每扯拉一次便撒上一层熟玉米粉或熟豆粉,把拉长的糖叠成圈又拉扯,如此循环往复,糖被拉扯成丝状。糖丝越细,拉扯技术愈高,质量越上乘。豆丝糖细软易嚼且不黏手。众人皆宜,特别适宜老人,小孩食用。

十二、腌菜

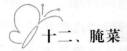

张家界腌菜习俗悠久,家家有腌菜,人人会腌菜,凡菜皆可腌,无腌不成菜。

腌菜大体分为三大类,一种是腌熏,二是缸腌,三为坛腌。

腌熏主要是肉类,杀年猪后,鲜肉剁成条块,内脏漂洗干净,用一个大缸腌起来。先在缸底撒上盐,把肚、肠、肝、肺等内脏放在缸底,上面再撒盐,再放肉。放一层肉后又撒盐再放肉。肉腌完后盖上盖。腌 7~10 天后,一块一块挂在火炕上方熏。把油茶壳、桔皮、木屑、杂草堆在火坑烧,日夜不熄火,火烤烟熏,肉内水分干了,肉皮变黑谓之腊肉。腊肉比鲜肉更香,吃起来别有一番风味。

鲜肉经过腌熏便于贮藏不变质。张家界山里农户家的腊肉一般从年头吃至年尾,有的甚至吃一二年。旅游业兴盛后,腌腊肉成为游人喜欢的地方菜。并成为游人首选的具有地方特色的旅游产品,大包小包拎回家。张家界适应旅游形势的发展,办起了腊肉加工厂,用烤房熏腊肉。但农户仍然保持原始的熏肉方法。

张家界凡肉皆腌熏,牛肉、羊肉、狗肉、野味、鱼腌后用火熏。

缸腌菜:缸腌菜批量较大,是一种生产腌菜的手工作坊。白菜、萝卜、豆角、辣椒都可以用缸腌。一层菜一层盐。一缸菜腌满后盖上木板,上面用石头压住。腌一段时间后，白菜、萝卜、豆角、辣椒都有淡淡的酸味，比鲜菜更开胃下饭。同时也解决了鲜菜易烂难贮藏的问题。

张家界旅游业兴旺后，缸腌菜深受游客欢迎。天南海北的客人就餐都会叫上一盘酸萝卜、酸豆角、酸辣椒，即使见辣就流汗的人也会吃一个长长的酸椒。

坛腌菜：坛腌菜又称坛子菜，坛子菜味微酸，腌制的品种更多，质量又好，保存时间更长。

腌菜的坛子有两种，一种为平口，另一种为坛头呈碗状，坛口在碗中央矗立，这种坛子叫明水坛。腌菜时平口坛倒立于盛有水的钵里。明水坛在碗池中倒上水，坛口扣上钵或碗。水能起到"防火墙"的作用，把腌菜和空气隔绝，防腐不变质。腌菜时坛口里都塞进一把棕叶。棕叶透气性能好，菜在腌制过程中产生的酸气从棕叶缝隙外流到水中形成气泡，减少酸味。同时，棕叶又能防止坛子倒立菜不垮下。

坛子菜的品种多，同一种菜能腌制出多种口味不同的菜。萝卜切成块、条、丁晾晒后，搅拌上盐花椒或辣椒粉，腌制出口味稍稍有别的萝卜块、萝卜条、萝卜丁。茎去叶剁碎，腌制成脆脆的酸中有甜的酸茎。小萝卜连同茎叶洗净晒干剁碎，腌制成有另一种风味的萝卜腌菜。辣椒腌整个成酸椒，把辣椒剁细拌上玉米粉或米粉，腌制成渣辣椒；把辣椒肚内掏空后灌上糯米粉腌制成糯米辣椒。青菜、黄瓜、扁豆、藠头、野山荬、芋头茎、四季豆、豆角等蔬菜都能腌制坛子菜。

鱼、肉也能做成坛子菜，鲜鱼拌上米粉，加入红曲，制成腌鱼；鲜猪肉拌上米粉和剁碎的红辣椒做成腌肉。

张家界人说凡菜可入坛，无坛不成菜。坛子菜在乡村更为盛行。张家界农村每家每户都有七八个或十多个菜坛，坛子菜折射出主妇的勤劳与贤能。

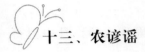十三、农谚谣

张家界有特殊的生产生活习俗，由此孕育出一些特定的农谚谣：

早上发霞，等水烧茶。晚上发霞，干死蛤蟆；有雨山戴帽，无雨山抹腰；清明要明，谷雨要淋；立夏不下，犁耙高挂；小满不满（没下雨），芒种不管。小满满瀑线（下大雨），芒种管过年；夏至无雨见青天，有雨在秋边；子午台（羊角山）的雨跑不到屋，天门山（垭门关）的雨晒得谷；穷人莫听富人哄，桐籽开花就泡种；二月初二落，树木芽芽到老落。二月初二晴，树木芽芽发两层（次）；土地佬打扇，一把荞麦收一担。土地佬打伞，荞麦光杆；二月二十凌断树枝，五月初五冻死尖牯（大黄牛）；隔年春莫懒，当年春莫赶；一九二九，两袖抄手（手藏在袖口里）。三九二十七，屋檐水不滴。四九三十六，屋檐结蜡烛。五九四十五，凌棍打得鼓。六九五十四，吹风如扎刺。七九六十三，行人把衣端。八九七十二，放牛娃作囱囱。九九八十一，蓑衣共斗笠；头九一场雪，九九似六月；九天打雷百日阴，阴阴阳阳到清明；有呷无呷，烧炉火渣；大人

望栽田，小孩望过年；棒槌落地，两头生根，芒种打火夜插秧；芒种忙忙栽，夏至谷怀胎……

张家界人还根据节令气候变化，创作了"十二月预卜丰稔歌"：

正月：岁朝蒙黑四边天，大雪纷纷是旱年。待到立春晴一日，农夫不用力耕田。

二月：惊蛰闻雷米似泥，春分有雨病人稀。月中但得逢三卯，棉花豆麦都相宜。

三月：风雨相逢初一头，沿村瘟疫万人忧。清明风若从南至，定是农家有大收。

四月：立夏东风少病疴，晴逢初八果生多。雷鸣甲子庚辰日，定主蝗虫咬苗禾。

五月：端阳有雨是丰年，芒种闻雷美亦然。夏至风从西北起，菜园瓜蔬受熬煎。

六月：三伏之中逢酷热，五谷田中多不结。此时若无灾厄现，定主三冬多雨雪。

七月：立秋无雨多烦忧，万物从来只半收。处暑若逢下雨天，纵然结实也难留。

八月：秋分天气日云多，处处欢歌好晚年。只怕天上雷电闪，冬来米价走上坡。

九月：初一飞霜不利民，重阳无雨一冬晴。月中火色人多病，小菜园地怕雷鸣。

十月：立冬之日怕逢壬，来年高田枉费心。更怕人间多灾伤，人不安宁多疾病。

冬月：初一西风灾害多，若逢大雪有灾魔。冬至天晴无月色，来年定唱太平歌。

腊月：初一东风六畜灾，若逢大雪旱年来。但愿此日晴明好，农家个个舒心怀。

节日习俗

每个民族都有独特的节日习俗。张家界是多民族混居区，在长期的民族事例中形成了各民族共同认可的节日习俗。同时，每个民族也保留了独特的节日习俗。故张家界节日习俗精彩纷呈。

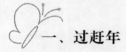

一、过赶年

春节是中华民族最喜气最隆重的节日。南北朝前，过年在腊月的初八，南北朝改在岁末。一年24个节气中的立春在阴历年前后，所以阴历年又叫春节。

土家人过赶年，即提前一天过年。腊月大是二十九，腊月小是二十八。一说明世宗时，倭寇犯境。明世宗在临近年关时征调勇猛善战的土司王率兵赴浙平倭，土司王决定提前一天与亲人过年。另一说法是土王与客王开战，得知客王准备除夕夜攻城寨。土王便命士兵提前过年，做好除夕迎战准备。除夕夜客王兵临，见土王戒备森严只好撤兵。过赶年源于哪个传说尚无定论，但都是提前一天过年，遂成习俗，叫过赶年。

　　土家人过赶年，隆重庄严肃穆热烈。白天贴春联，贴财神。夜半时分，家家户户亮堂堂做年饭，火炕里烧起熊熊烈火。各家各户的主人拿来一个洗得干干净净的面盆和两块新抹布，取下挂在烈火上的水壶往面盆倒上一盆热水，焚香化帛奠酒，朝供奉在神龛里的家神菩萨三作揖，请菩萨沐浴，小心翼翼极其虔诚把菩萨放在面盆中洗澡。故土家人在过年这天洗澡称"洗菩萨"。

　　洗干净的菩萨安放归位后，户主便端来用竹篮装着的煮熟了的猪首和一个茶盘放在神龛前的桌子上。然后，往茶盘里放酒杯、碗、筷，再盛上饭，斟上酒，神情肃穆烧香焚纸朝菩萨膜拜。家神祭毕，端着猪首、茶盘，打着灯笼走出堂屋，拜祭天地、土地神、水神。

　　祭祀结束，要"团年"（吃年饭了），狗唤进了屋，晾在屋檐下的衣服不论干湿用背篓收进屋，间间房向外开的门一律关了后，开始往摆放在堂屋中央的方桌上放碗筷，端上鱼、肉、鸡、豆腐等十大碗香喷喷的年菜。最后一碗年菜上桌后，鞭炮噼噼啪啪响起，一家人按长幼有序入座"团年"。

　　吃团年饭，一家人细嚼慢饮，从午夜吃到天明。寓为越吃越亮，来年向上。小孩吃完年饭不能下桌，直到一家人全部吃饱，放下筷子，抹嘴巴，才下饭桌。这时主妇给狗盛上一碗饭，夹上一块肉、几块豆腐，看狗先吃什么，则预示来年什么物品贵。在议论中大家开始收拾餐桌,直到桌上无一件器皿,家长打开堂屋大门,边开边说:财来福来运气来。

晚上天快黑时,家长用竹篮提着香纸、蜡烛、酒、半碗饭和插着一双筷子的"刀头肉",引着小孩去上坟祭祖,又叫"送亮"。夜幕中,座座坟头烛光摇曳。

年夜,家家户户的每间房中烛光不灭,说是赶瘟神。瘟神见到亮不敢进屋,往别处去了。火坑里放上一个大树蔸和干劈柴,众星捧月火焰熊熊。一家人围着火坑,乐陶守岁。火坑里的大树蔸不能烧尽,留下一块说是明年的猪头,放过正月十五后再烧。

新年初一,晨曦微露时,家家户户的家长出行祭神,鞭炮再次争先恐后从四面八方响起。小孩给出行祭神回来的家长磕头拜年。大人们喜滋滋给孩子们压岁钱。天亮了,起床了,全家人围着火坑津津乐道谈论听到什么鸟先叫:"麻雀先叫今年得谷的,""我听得喜鹊先叫,家里添喜。"……

土家人过赶年吃年饭,有许多禁忌,桌上的碗筷不能少放;吃年饭时,筷子不能掉;碗、杯、匙、碟不能打破。否则视为不吉利,像一块沉重的石头压在心里,直到新的一年平平安安过去,那颗紧绷的心才放松……

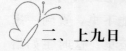

二、上九日

新年正月初九,俗称"上九日"。上九日是新年正月的大日,喜庆气氛仅次于初一及十五。这天给亲朋拜年,认为尊他为大,亲朋高兴,主宾举杯同庆。

上九日这天,家家户户祭家神、祭天地和祭祖。殷实一点的人家早晨祭拜家神、天地时,鸣放鞭炮。这天夜里家家户户要上坟拜祭先人。乡间有种说法:"初九不送亮,先人泪汪汪。初九坟头黑,要个后人做么得。"因而,初九是必须给先人"送亮"的,不"送亮"自己心中不安,也会被人视为不孝。故夜幕降临时,那怕是雪飘细雨飞,家长也带上大大小小的一群孩子去上坟祭祖,座座坟头烛光闪,构成一道别样风景。

九是大数,中国素有"九五至尊""九九归一""九霄云上""九重天""长远久久"等说,尊九为大。拜上九日成为张家界城乡普遍流行的习俗。

三、元宵节

据《中国文化知识精华》载:元宵节起源于2000多年前的西汉。古时候,人们称元宵节为灯节、上元、灯夕或灯期。汉文帝登基这天正好是正月十五。以后,每年这一天的晚上,他都要出宫游玩,与民同乐,以示庆贺。因为夜在古时又叫宵,正月又称元月,汉文帝便将正月十五定为元宵节。每逢这天晚上,举国上下张灯结彩欢度元宵。

张家界闹元宵不仅张灯结彩,还有其独特的闹法,每家每户从山上砍回杉树枝或鱼腊树(玉贞树)枝,放在干柴上于火坑或屋外燃烧,树叶在烈火中噼啪有声叫燃虱蛋。

虱蛋烧了，家中不生跳蚤。

张家界人素信"三十的火，十五的灯。"夜里，家家户户门前挂红灯。大街小巷唱花灯、舞龙灯、耍狮子、彩龙船、踩高跷、唱阳戏、打渔鼓，通宵达旦。夜半，合家吃糯米汤圆，叫吃元宵。

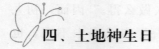

四、土地神生日

二月初二是土地神生日。土家人奉土地神为福神、平安神，能驱邪逐魔，保佑平安，人寿年丰。乡村每家每户都修有一座土地庙，供奉着土地公公、土地婆婆。

二月初二这天，家家祭拜土地神。给土地公公、土地婆婆沐浴抹灰尘，披红布，奠酒化帛，烧纸焚香，放鞭炮。

晚上，家家户户做一丰盛的晚餐，请土地公公、土地婆婆入席就餐过生日。入夜时分，每户土地庙会摆上饭菜，供土地公公、土地婆婆宵夜。希望土地神管好害虫鸟兽，不吃庄稼，不咬牲畜，庇佑一家五谷丰登，六畜兴旺。

张家界人不仅在这天祭拜土地神，还从这天的天气变化预测春粮的丰歉及全年的气候走势。有"土地佬打扇，一把荞麦（种子）收一担；土地佬打伞，荞麦光杆。""二月初二落，树木芽芽到老落，二月初二晴，树木芽芽发两层（次）"等说法。

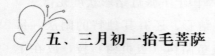

五、三月初一抬毛菩萨

三月初一是毛菩萨生日，人们抬着毛菩萨巡游，这是张家界市慈利县独有的节庆习俗。

三月初一前10天,乡民将毛王和娘娘从毛王庙抬到县城东门外回龙寺,供人瞻仰敬奉。临近三月初一前一二日,乡民将附近上下青山菩萨、茶庵赵舍人、永安张舍人、蒋家坪的将军和太保、城隍庙的两个判官以及观音阁的毛菩萨兄弟,分别请下神位,洗澡洁身,穿蟒袍迎銮驾。

三月初一,把这10尊菩萨抬到东门外朝王塌按序排座。毛王和娘娘则由回龙寺由4人抬着绕东门口到朝王塌。将军、太保菩萨各由两人抬着到东街口迎驾、护驾。鞭炮声声冲霄汉,锣鼓阵阵震九天。毛王菩萨威风八面向朝王塌进发。其余几尊菩萨见毛王和娘娘驾到,人们便竞相高举菩萨欢迎接驾,是谓"朝王"。朝后,人们抬着毛菩萨巡街驱瘟赶邪,缓巡县城东西南北各条街道接受市民朝拜,整个县城鞭炮竞相鸣放,万人空巷。其余10尊菩萨则不巡游,陪随毛王菩萨行游一程后,在鼓乐鞭炮声中送回庙府。

这天,县城商贩云集,人如潮涌,盛况空前。大街小巷摆满货摊,形成盛大的物资交流会。

解放后,慈利县城抬毛菩萨曾被废。21世纪后,这一习俗被重新拾起。

庙会习俗,市境还有慈利九溪城隍会、溪口关夫子会、五雷山香会、星德山香会、永定区天门山香会等。

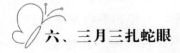

六、三月三扎蛇眼

三月初三扎蛇眼是张家界独有的民间习俗。

张家界民间认为蛇的生活习性是：三月三蛇出山，九月九蛇归土。每年九九重阳节后，天气渐凉，蛇进入冬眠，次年惊蛰开始复苏，农历三月三出洞。于是便有三月三做蒿粑扎蛇眼防蛇的习俗。

"三月三扎蛇眼"就是用嫩蒿叶和糯米做蒿粑吃。把人的嘴巴喻为蛇眼，嘴巴塞住了，蛇眼也塞住了，蛇出不来了。这一习俗起源于古老的传说。古时，有两条毒蛇精在张家界市境横行，咬人咬牲畜，遍地白骨，十里八乡杳无人烟。一天，太上老君在凌霄宫打坐，忽然心血来潮，掐指一算，方知下界老百姓饱受毒蛇肆虐之苦。太上老君唤出徒儿下山斩蛇妖，拯救黎民百姓。徒儿驾起五色祥云来到张家界，蛇精战败躲进岩洞不出，奉师命的徒儿正无计可施时，师父传音用糯米和蒿叶做成粑粑塞住蛇眼。于是徒儿施法取来糯米蒿叶，做成粑粑塞住蛇眼。从此，张家界又恢复了昔日的宁静祥和。扎蛇眼的习俗也从此兴起流传。妇人更重此俗，民谚云："三月初三不吃粑，蛇咬女人家。"

"三月初三"这天，家家户户的主妇把从山上采摘回的嫩蒿叶剁碎，在溪流中揉搓漂洗干净晾晒后，与糯米粉揉和均匀，做成圆圆的蒿粑，放在蒸笼里蒸熟。家家吃蒿粑，寨寨飘清香。有的边吃边唱扎蛇眼歌："三月三哟蛇出山，九月九哟蛇归土。吃蒿粑哟扎蛇眼，一年四季哟保平安。"

蒿粑是绿色美食。现在蒿粑不仅仅用来"扎蛇眼"，而且被四海游客奉为佳肴。

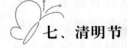
七、清明节

"清明时节雨纷纷,路上行人欲断魂。"充分体现了中华民族祭奠先人的传统美德。清明节已被国家规定为法定假日。人们拿着鲜花、供品祭祀先人。

张家界清明祭祖又称"挂青"。清明前后携带纸钱香烛鞭炮和或圆的或方的或条状的五色彩幡祭祖。焚香烧纸放鞭炮后,在坟的四周撒上纸钱,在坟顶插五色彩幡,以示不忘先人。

民间对此非常重视,许多人在垂老之际淳淳嘱咐子孙:"不盼年,不盼节,只盼清明一线白。"意即死后,希望后人在清明这天来坟上看看,挂清扫墓。

张家界奉信"清明这天不挂清,前三后四祭祖人。"故清明当天,张家界无人"挂清",前三后四把祖祭,路上行人欲断魂。

八、四月八

四月八是汤沸日,节令传统有二:一是称这天为牛王节。相传远古时代,耕田耕地全靠人拉犁,十分辛苦。一日一餐也不饱肚。玉皇大帝便唤来天上神牛,要它下凡传旨。不复存在神牛将玉帝"三日一餐"的圣旨传为"一日三餐"。神牛返回天庭复旨,玉帝听后说:"下凡帮农人耕田去"。于是在这年的四月初八,春耕大忙时,上天降下一头神牛，眨眼间帮农民耕种大片土地，秋后喜获丰收，人们过上了好日子。神牛还给人们留下了它的子孙，人间从此有了耕牛。为感谢神牛，人们把每年的四月八定为牛的生日。这天牛不得役使，放牧休息，晚上还用盐水拌米糠和饭，让牛"打牙祭"。二为嫁毛虫（身上长毛的虫。这里泛指一切害虫）。四月八万物复苏，毛虫从虫蛹中孵化出来危害庄稼。于是，人们将纸裁成长条后贴成十字形，中间画上太极图，四方写上"今日四月八，毛虫今日嫁。嫁出青山外，永不到我家。"或"佛生之期，文昌之笔，嫁尔毛虫，永无踪迹。"纸"十字架"钉在堂屋的中柱上。

这天，土家人家家户户办酒席，接亲邀友庆贺过牛王节嫁毛虫。

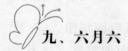

九、六月六

每年六月六日"晒龙袍"，市域各区县普遍流行，谓之"晒袍节"。

据《明史》记载，明洪武初年，茅岗土司覃垕不满朱元璋妄杀功臣，联络湘鄂边境48峒土司起义。朝廷派大将杨景、周德兴率兵平叛，经7年征剿覃垕被五花大绑押上金銮殿。洪武帝见其背上有龙纹，问其是天生的还是刺纹的，覃垕回答先天生成。帝大惊，害怕夺其江山，令剥其皮。覃垕被害后，洪武帝害怕上天惩罚，将其皮置龙座3天，向天谢罪。覃垕遇害这天正值六月初六。后来，土家人为纪念覃垕，在六月六，翻箱倒柜晒衣服称"晒龙袍"。

此俗从明流传至今。

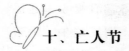
十、亡人节

农历的七月初一为亡人节。死者的亡灵在每年的七月初一回家,居住半月至七月十五离开。

亡人有新亡人、老亡人之别,新亡人回家要接。故每年的七月初一清晨,亡人的子孙到坟前烧钱纸放鞭炮接新亡人回家。回家时按称谓呼喊×××回家,路上不能回头。

由于是新老亡人回家,这天早餐不仅丰盛,还要"叫饭"。餐椅多放了几把,饭碗多放几个,筷子多摆几双。剩上饭,斟上酒,把筷子放在饭碗上,按称谓叫××吃饭,称之为"叫饭"。约摸一分钟许,取筷置于桌上,把酒杯的酒倒在地上。按称谓说"以后就随我们吃。"

亡人在家居住半月离开时,要给亡人烧钱纸,称烧"月半纸。""烧月半纸"不去坟头,而在屋外的某处,边烧边念称谓,叫×××来领钱。

为让亡人带着钱回家不遇麻烦,避免抢劫。给列宗列祖烧过"月半纸"后,还在离给祖先烧纸尺远的地方另烧二堆钱纸,一堆给土地神,一堆给孤魂野鬼。边烧边念:"地盘业主,古老前人也来领钱。"

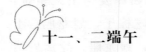
十一、二端午

五月初五是端午节。吃棕子,划龙船,纪念战国时期楚国杰出的爱国诗人、政治家屈原。但慈利县岩泊渡是五月十五吃棕子，划龙船，称为二端午。离岩泊渡5里之遥的簧子头是五月二十五吃棕子，划龙船，谓三端午。由于地理位置、人口密度等方面的原因，在社会发展的长河中，三端午已被历史湮没。

屈原名平，字原，战国后期楚国人。22岁任"左徒"，后遭上官大夫嫉妒和诬陷，楚怀王将屈原治罪降职为"三闾"大夫，后逐出郢都，流放汉北。公元前298年，楚怀王儿子继位，称顷襄王。顷襄王二年，屈原再次被逐出郢都，流放江南。顷襄王二十一年五月初五，屈原投汨罗江而死。

屈原投江后，当地老百姓扶老携幼，万众高呼："魂兮归来，三闾大夫……"，成群结队沿江搜寻，终未有果。第二年五月初五，汨罗江畔的百姓在江边搭上祭台，划船沿江继续搜寻屈原尸骨，并把米饭用棕叶包着投入江中……

据说澧水流域的农民在五月初五接到汨罗老百姓的报信后，自发从洞庭湖出发，通知澧水沿途百姓划船搜寻屈原尸首。明知岩头不会滚上坡，沿途百姓依然为之。报信人员行至澧水河畔柳林铺病了，病愈后走到岩泊渡恰好是十五。于是，岩泊渡兴过二端午。岩泊渡过二端午还有一说：岩泊渡人为继承屈原意志，发扬屈原爱国主义精神，决定在整个五月开展纪念活动。初五吃棕子，划龙船；十五吃棕子，划龙船；二十五还吃棕子，划龙船。故离岩泊渡十里的柳林铺是五月初五吃棕子，划龙船；离岩泊渡五里的簺子头是二十五吃粽子，划龙船。两种说法，至今尚无定论。不过，这种分批次纪念屈原的活动，更彰显人们对屈原的怀念。同时，划龙船是一种民间体育活动，既是体育活动，时间便由当地百姓共同商定罢了。只不过在活动中加进了纪念屈原的元素。

岩泊渡由于占区位、人口密度、商户、河面开阔、水势平坦等优势，二端午划龙船十分热闹。不仅有本地代表队参赛，柳林铺、永安渡、蒋家坪、青山庙等地的龙舟也现身云集。最多时，有20多支龙船参赛。当地老百姓有力出力，有钱出钱，有米出米，千家万户齐动员，办得龙舟大赛红红火火。清诗人魏湘赞曰："岩泊渡头戏龙舟，画鼓彩旗汗漫流。未识锦旗谁夺得，替郎欢喜替郎愁。"二端午这种习俗在岩泊渡流传了几百年，至今方兴未艾。2015年，岩泊渡镇政府为进一步弘扬民族习俗文化，成立了岩泊渡龙舟协会，组织了大型龙舟赛。小镇上万人涌动，商贾云集，盛况空前。

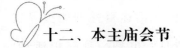

十二、本主庙会节

本主即老祖宗。本主庙会节就是同族人聚集在宗族祠堂祭祀祖先。地方志载："知礼之家，设本主于正寝，岁时必祭。"宗族祠堂必供本主神像，按本主生日，定为会期。由于本主的生日各不相同，故从年头到年尾都有本主庙会节，构成张家界一种特殊的民间习俗现象。

如正月十五是谷氏祖京师提督扫敌官昭武将军永和生

日,其后裔每年此日在其出生地桑植县廖坪做庙会。正月初九是本主王明凯生日,王姓族人便在桑植县芙蓉桥岩门潭赶庙会祭祖。正月十六是杨泗生日,慈利县江垭做九溪杨泗会。前夜,巫师向杨泗问卦,占卜当年雨水、收成、瘟灾等。次日将杨泗神像从南门庙中抬出,巡街驱瘟。沿途锣鼓喧天,鞭炮阵阵。下午杨泗回殿,巫师在神像前宣告问卦结果。

本主庙会热烈隆重,人们抬着本主神像巡游,开展舞龙灯、玩狮子、踩高跷、唱花灯、跳杖鼓舞等文艺活动,并进行物资交流。

本主庙会节由老司(巫师)主持,族里"头人"(族长)主祭。每逢这天,同一个祠堂的族人都会派男丁从四面八方,千里迢迢赶会。祭祀时"头人"站在前,把燃着的神香高举过头,朝本主神像三跪拜。族人则依次站立其后,高举神香三叩首。

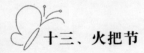

十三、火把节

火把节是白族人民的独特节日,也是一种祭祀活动,但它不同于本主庙会节。

每年六月二十五日,白族男女老少聚集一堂,举行点火把、耍火把、跳火把、拜火把等活动,祈祷五谷丰登,六畜兴旺,家和万事兴。

节日前夕,全村同竖一根高约一二十米的大火把。用松树做杆,上捆麦秆、松枝,顶端插一面旗。旗杆上串联三个用纸篾扎成的升斗,意为连升三级。每个升斗四周插着国泰民安、风调雨顺、人寿年丰、五谷丰登、六畜兴旺等类字画的小纸旗。升斗下面挂着火把梨、海棠果、花炮、灯具及五色彩旗。

　　火把节的中午,村中各家各户的家长带上自扎的小火把,引着全家人,提着香纸、供品,去祖坟扫墓,祭奠先人。小火把点燃后,撒三把松香熏墓,火把燃烬只剩把杆后方能回家。

　　太阳落山前,各家各户提前吃晚饭,扶老携幼到村子竖大火把的地方观赏燃烧火把和跑马。骑马的人绕火把跑3圈后,扬鞭催马向远处驰骋。其余众人挨家挨户观赏各家门前的火把,看谁家扎得精致,竖得美观。参观完毕,众人走到村子的广场上绕着大火把转3圈,以示祛邪得福。

　　夜幕降临时,村中长者领头献祭品,向大火把叩头。几个勇敢矫健的年轻人,一个接一个攀上高竖的大火把,站在大火把下的众人将点燃的小火把逐次上传,将大火把点燃。刹时,烈焰腾空,鼓乐大作,鞭炮齐鸣,响彻云霄。当火把把悬挂升斗的竹竿烧断时,人们争先抢夺凌空飞下的升斗。得之被视为有福之人,受到大家的祝贺,被簇拥回家,主人热情款待众人。

　　下一年火把节上的升斗则由这次火把节抢得升斗的人备办。

文化习俗

张家界有许多独特的源远流长的文化民族风俗。这种文化风俗在历史长河中的不断积淀,形成民族文化中的一朵奇葩,并折射出民族历史文化的丰富多彩。有些文化风俗尽管很小,但它依然如夜幕中一颗闪亮的星辰,令人兴奋。

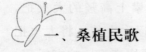

一、桑植民歌

张家界人都有唱民歌、唱山歌的习俗,尤以桑植为最,被誉为"山歌之乡"、"民歌之都"。20世纪50年代,桑植民歌就唱到省垣京城。60年代县文化馆搜集整理民歌1万多首。21世纪,桑植民歌被列为国家首批非物质文化遗产。

桑植民歌旋律优美,歌词清纯原汁原味。分为古朴庄重的传统歌、祈福消灾的仪式歌、耕种收割的劳动歌、情意绵绵的爱情歌、向往幸福反抗压迫的革命歌、娓娓动听的儿歌及丰富多彩的生活歌等多种。

桑植民歌多，桑植人会唱歌。桑植男人做阳春唱歌，用歌声祈求上苍风调雨顺，五谷丰登，六畜兴旺，找房好堂客。例如男人犁田时唱：

"桐子开花瓣瓣红，凉水煨茶慢慢浓。哥有一双勤劳手，妹嫁过来不受穷。"

桑植女人在青山秀水的滋润下，皮肤白皙，嗓音圆润脆甜，如银铃般悦耳动听，更爱唱歌。用歌声抒发她们对青春的礼赞与眷恋，对美好生活的向往与追求，对亲人的祝福与期盼。

"妹妹你呀快出嫁，姐姐送你一句心里话。欢欢喜喜去成家，夫妻和睦度年华。互敬互爱孝爹妈，早抱一个胖娃娃。"

人们说无酒不成宴。桑植无歌不成席。红白喜事唱歌，以歌声显荣；接待远方客人唱歌，以歌声显尊。

"高山高岭种高粱，高粱叶子般般长。喝不过的高粱酒，粗茶淡饭饱饱肚。怪酒不怪菜，君子敞开怀。畅饮3杯高粱酒，盼君还再来。"

桑植人爱唱歌，劳动以歌为乐，丰收以歌相庆，爱情以歌为媒，待客以歌为礼。人人会唱歌，寨寨歌声飞，村村歌声脆，常年举行赛歌会。

"土家生来爱唱歌，歌声悠悠连山坡。山山岭岭歌不断，唱得彩霞从天落。"

"那边唱歌这边应，一人唱歌万人和。放声歌唱共产党，山歌越唱越快活。"

桑植民歌列入国家非物质文化遗产后,确定了传承人。中小学校园也唱响民歌,桑植民歌更青春焕发。现辑录数首歌词于后:

回娘家

远看大姐穿身花,哭哭啼啼回娘家。娘问女儿哭什么?丈夫年少当不得家,爹娘一听高声骂,他一年小二年大。

碓凹打蛇冤屈死,鲜花插在牛屎粑。女回娘家闲话多,你命该如此受折磨。女儿要作铁锤把墙打,芙蓉要配牡丹花。

马桑树儿搭灯台

哥:马桑树儿搭灯台,写封书信与姐带。哥去当兵姐在家,三年两年不回来,你个移花别处栽。

妹:马桑树儿搭灯台,寄封书信与哥带。你一年不来一年等,两年不来两年挨,钥匙不到锁不开。

高山泉水

高山泉水清又清,泉水好喝路难修,有心修条泉水路,又怕泉水不长流。

山歌好唱难起头

山歌好唱难起头,木匠难修八角楼,岩匠难打狮子头,铁匠难打钓鱼勾,姑娘难绣花枕头。

二、摆手舞

摆手舞是土家人喜爱的传统大型舞蹈，带有浓烈的祭祀气息。歌随舞扬，舞随歌动，场面宏大、欢快、热烈。每年正月初九至十五，各个村寨的土家摆手舞队员身着西兰卡普，头包花巾，举着龙凤大旗，打着围鼓，吹着牛角、土号、唢呐，扛着神棍，齐聚寨中，翩翩起舞。欢快地跳起了单摆、双摆、回旋摆舞，舞姿粗犷豪放，生活气息浓郁。

摆手舞分为大摆手和小摆手。大摆手在摆手堂跳，规模大，时间长。一般从正月初九跳到元宵结束。跳大摆手的程序：一是排甲，即整理摆手队伍，队伍整理好后，才能进摆手堂；二是杀牲祭祀；三是敬神；四是唱摆手歌；五是跳大摆手舞。摆手队伍以村寨为单位，参跳者人数众多，轮流上场。表演的内容主要有闯堂进驾、开天辟地、人类起源、迁徙定居、耕作劳动、自卫抗敌、打堂关架等八个部分。摆手中间穿插打镏子、唱山歌、打花鼓等，表现了土家先民跋山涉水迁徙繁衍、日常生活、抗御外侵等场面。小摆手规模较小，时间较短，正月初九至十一在各村寨的土王祠举行。其内容为祭彭公爵王、打蚊子、牛打架、挖地、下种、插田、除草、收割等，表现劳动丰收的喜悦。

摆手歌有独唱、领唱众和、合唱等形式。曲调随舞而变换，时而激越高扬，时而婉转如诉。竹枝词记曰："福石城中锦作窝,土王宫畔水生波,红灯万点人千叠,一片缠绵摆手歌。"

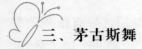

三、茅古斯舞

茅古斯舞是土家族古老、独特的舞蹈艺术,被誉为舞蹈艺术源头的活化石。土家人用茅古斯舞颂扬祖先开拓荒野、刀耕火种、捕鱼狩猎等创世业绩。有比较完整的情节,有固定的场次及对话。

表演时由一人扮演老茅古斯,若干人扮演女茅古斯,其余人扮演小茅古斯。除女茅古斯外,其余茅古斯全赤裸上体,头扎五根大草辫,身穿用茅草、树叶和藤蔓编织成的草衣。男茅古斯腰上捆一根用草扎成的"粗鲁棒"。老茅古斯首先出场,然后引出女茅古斯和小茅古斯。男茅古斯摇晃着头上的五条草辫,抖动全身草衣边晃边舞,边跳边唱,动作粗犷,形象滑稽,诙谐有趣。舞时要祭祀土王,唱祭神歌。

土家逢节日时,先跳茅古斯舞,后跳摆手舞。茅古斯舞要连续跳六个晚上。第一个晚上叫"生产",反映原始父系社会的生产、生活情景;第二个晚上叫"打猎",表演围猎前祭神等仪式;第三个晚上名为"钓鱼",斥责不劳而获;第四个晚上名为"接亲",反映从原始的群婚进化到父系社会配偶过程;第五个晚上曰"读书",反映社会仍处于蒙昧阶段;第六个晚上叫"接客",反映社会产生阶级,官吏豪绅对土家人民的残暴统治与压迫。

四、土地戏

土地戏不是戏,是一种曲艺。在张家界市域普遍流传。

土地戏近似东北的二人转,也是二人演唱。一人为土地公公,一人为土地婆婆。土地公公身着道袍,头戴八卦巾,戴一个眉开眼笑,白须冉冉的木雕面具——土地壳子,一手拄拐杖,一手摇把油纸折扇。土地婆婆由男人反串,又称三妈子。头戴凤冠,肩着霞披,穿彩裙花鞋,手拿木梆。

唱土地戏不需繁多道具,也不需搭台。禾场、堂屋就是戏台。唱词通俗易懂,为老百姓喜闻乐见,倍受称道。每逢春节,市境不论是坪坝原野,还是道道山岭之中,都会响起唱土地戏的木梆声。

土地戏有《人类起源歌》《劝孝歌》《山伯访友》《岳母刺字》《杨家将》《薛仁贵征东》等固定唱本。演唱者也可唱人唱物唱事即兴创作。因此,唱土地戏的人一定要阅历广,奇闻趣事见的多,"穷文酸字"记得熟,才思敏捷,反应快,能信口开河是戏,随手拈来是句。土地戏唱词一般以7字为句,或增或减,押韵动听,生活趣味浓。

唱土地戏,登台首唱词至关重要,要一鸣惊人,牵着听众的鼻子随着土地戏转。一般由土地公公首唱。土地公公拄拐杖,摇折扇,踱方步上场,张口就是稀奇古怪之事。如:"稀奇稀奇真稀奇,麦芒上面绑针尖,针尖上面搁鸡蛋,鸡蛋上面放岩板,岩板上面修牛栏,牛马猪羊一栏关,你看危险不危险，我的三妈子快来看。"三妈子则在台一边唱答："奴家来也。"

三妈子出场后，公公婆婆打情骂俏，以示恩爱有加。有时，土地婆婆佯装生气，揪着土地公公的耳朵，一阵连珠炮式的"骂唱"："老家伙莫哄我，你在外面皮绊多，窝脚婆娘找了两三个，今日拿块花布来哄我，别人吃了的潲水我不喝，滚到骚货那里把日子过。"土地公公这时，挂着拐杖，拿着折扇围着三妈子转。边转，边摇扇，边唱："叫声我的心肝三妈子，口下积德不要冤枉我，鬼迷心窍找过窝脚婆，曾跪踏板你骂过，今年三山五岳随你查，如有半点狐骚气，踏板上面再跪我。"令人忍噤不禁，捧腹大笑。

慈利县岩泊渡白洋垱村谢竹林、李盛槐两人是唱土地戏的好角色。谢竹林民间生活丰富，阅历甚广，张口就是土地戏文。李盛槐装三妈子婀娜多姿，声音娓娓动听。人们说谢竹林、李盛槐唱土地戏能把死人唱活，能把哑巴唱得说话，夸他俩嘴巴功夫好，唱功了得。

有年春节，谢竹林、李盛槐到村里各家各户唱土地戏，讨点"打发"（喜钱），也为百姓送去节日的喜气。敲着梆到白洋垱一户叫三哥的人家唱土地戏。站在堂屋的大门前，土地公公谢竹林唱道："今日是新春，恭喜主人福临门。福禄寿喜全进门，主人日生金夜长银，添的孙子是文曲星。"可任凭谢竹林怎么唱，李盛槐把梆儿怎么敲，三哥就是不请二人进门喝茶给"打发"。谢竹林心想如果进不了老伙计的门，正月间土地戏唱不下去了。眉头一皱，计上心来，正话反说,斗嘴唱三哥。"叫声三妈子,我俩唱了这时辰,主人不请我俩进大门。来时路上告诉你三哥是狠人,你说三哥是善人。我的喉咙唱破不要紧,累坏了三妈子我心疼。""三妈子跟着公公跑乡村,狠人善人分得清。梆声一响说分明,三哥就是一善人。孝敬父母爱乡亲,村里那个不说他是一善人。如果不是有善心,讨的堂客怎能那么乖,个个儿女怎能好聪明。三哥不请俺俩进家门,只怪你平日对三哥不尊敬。""听三妈子这么说,一件往事起了根。前年赶场回转身,走到三哥门前饿得晕。三哥喝着红糖拌稀饭,给我一碗凉水肚里吞。"这时,三哥从堂屋里走出来,对听土地戏的人大声说:"莫听他瞎扯,那天,我喝粥,他吃饭,还煎了蛋。"笑笑哈哈,把"土地"请进门。

张家界还有阳戏、傩戏、打镏子、板板灯等民族习俗文化,不一一赘叙。

孝道·语言·医治习俗

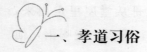

一、孝道习俗

1. 孝道

重孝道是中华民族的传统美德。张家界人重孝、守孝，而且有其独特的孝风孝俗。

重孝母。母亲是伟大的。一位哲人曾经说过：一位好母亲能抵上100位老师对儿女的教育作用，故昔有孟母三迁的故事。张家界素有"死得当官的老子，死不得讨米的娘"之说。足见娘在家庭中的作用和地位，足显对娘的敬重。

生命是父母共同给予的。但儿女是娘身上的肉，十月怀胎，儿女喝着娘的精血长大。生儿产女时，"娘奔死，儿奔生。"娘给予儿女的是父亲无法比拟的，这是张家界人重孝母的一条根本原因。故女儿出嫁哭唱"十月怀胎"向娘谢恩："一月怀胎如露水，怀胎二月朦胧影，怀胎三月娘知音,怀胎四月儿成形,怀胎五月分男女,怀胎六月长六根,怀胎七月生七窍,怀胎八月儿翻身,怀胎九月儿长满,怀胎十月儿降生。左边三转是儿男,右边三转是女身。娘要上天天无路,娘要下地地无门。一阵疼来一阵死,疼得两阵去三魂。"

娘去世后,要破"血水池"。即用黄泥在堂屋外禾场上围上一个水池,道士引着孝男孝女在池中踩踏,向娘谢恩,替娘赎罪,让娘在阴间过得舒坦。孝男孝女跪着诉哭娘恩:"人生最苦是娘亲,十月怀胎受艰辛。一个孩儿生下来,求神拜佛保长春。二岁孩儿惭惭行,娘亲欢喜过平生。立身方知娘辛苦,养子当报娘亲恩。三岁孩儿事若何,娘亲一见喜欢多。见儿能走堂前过,口喊娇儿笑呵呵。四岁晓得天和地,方知南北和西东。娘亲见儿心欢喜,爱儿犹如掌上珠。五岁孩儿将离身,低头作揖叫娘亲,一朝儿身患了病,急得慌乱叫鬼神。六岁孩儿走四方,娘亲见了喜非常,扯布缝衣缝书包,来年送儿上学堂。七岁孩儿自有志,送入学堂读诗书,懂得古人圣贤书,长大报国扬祖志。八岁孩儿心机灵,孝顺娘亲时尊敬,孝顺儿生孝顺子,忤逆还生忤逆儿。九岁孩儿志气高,勤奋读书学贤豪,防身不用龙泉剑,一管丝毫透九霄。十岁孩儿知报恩,孝顺爷娘爱双亲,如若不把娘恩报,枉为男儿五尺身。"

哭完十岁孩儿,继续哭:"我苦命的娘,你一生命真苦。年轻时,为把兄弟姊妹养大,屎一把,尿一把,儿睡干,娘睡湿。睡半夜起五更,自己累得一身病。女儿长成人，娘头发白，眼睛花，还累死累活为子孙。戴上老花镜，浆洗缝补为儿孙。日子刚刚有起色，你却双眼一闭离我们。不要走呀，我的娘，不要去呀，我苦命的娘，只要娘亲能回转，愿意替娘赴黄泉……"。

张家界城乡广泛流传着一首感人肺腑，催人泪下的《劝孝歌》：

父母年老要哪件，儿女只当还利钱，父母随要随时办，莫推今天许明天。

莫说哥哥未供满，莫说弟又少几天，兄弟莫说轮流转，侍养双亲真儿男。

父母年高不久远，一到终年不再餐，五十过了去一半，六十以上享高年。

人生岁月如煎熬，过了一天老一天，六十甲子轮流转，过了一年老一年。

树老心空无法变，人生哪能转少年？孝顺父母趁早行，莫等太阳落西山。

月落西山容易见，隔夜相逢在明天。父母死了难得见，除非梦里再团圆。

生前不孝死了哭，哭干眼泪也枉然。任你灵前来供奉，哪有父母来聚餐。

趁早父母寿未满，好衣好食供颐年，人老吃得好一点，还会替你看小男。

屋檐滴水不挪窝，你今膝下也有男，前人做样后人看，儿大就把息来还。

父母好象一盏灯,一风吹熄不再燃,早晚之时要孝敬,时常问亲安不安。

莫说供养好难办,莫说困难没得钱,父母养儿谁推卸,何曾把儿饿一餐。

养育恩情时时念,热问饥渴冷问寒,把老当作小儿看,孝顺双亲大如天。

父母说错你莫怨,凡事多要顺亲言,莫怨父母见识短,怪模怪样脸难看。

乌鸦反哺存孝心,羊羔跪地把乳餐,人要存起心一片,常把父母记心间。

儿把父母来孝顺,孝子还生孝顺男,不信且到檐前看,点点落在原窝间。

2. 尊长辈

对长辈的尊敬同其它地方相比,张家界有独特的方面。新媳妇过门要给父母、爷爷、奶奶、外公、外婆、伯伯、叔叔、姑姑、舅舅、姨妈等长辈"摁鞋茶"。新婚第二天,长辈们齐坐堂屋,新郎、新郎俩人抬着茶盘,把一双双鞋抬至长辈前下跪"摁鞋"。一双鞋、一片孝心。体现对长辈的尊重。每年新春初一,和父母、爷爷、奶奶生日,儿媳、孙媳要摁蛋茶。用餐时长辈没入座,后辈不能坐,上席要让长辈坐。长辈没动筷,后辈不能吃。与长辈坐在一块,后辈不能跷"二郎腿"。父母健在,儿媳不能祝寿,只有36岁是个例外。张家界奉信:"人人有个三十六,喜的喜,忧的忧。"认为36岁是人生的节坎,儿媳可做三十六。但儿媳要把严父慈母请入堂屋端坐，叩头谢恩。

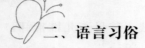

二、语言习俗

"逮"，张家界男女老幼皆说。它能同许多名词搭配，组成动宾词组。如吃饭－逮饭，喝酒－逮酒，抽烟－逮烟，打球－逮球，洗澡－逮澡，打牌－逮牌，做工－逮工，喝水－逮水，打死你－逮死你等，在不同的词组里，替代不同的动词，张家界人谓之万能动词。

方言词组构成多重叠。如溜溜光（很光滑），麻麻亮（刚亮），点点长（很短），白净净（很白），黑洞洞（很黑），索索利利（干净，不拖泥带水），糊糊涂涂（糊涂）等。重叠形式分 AAB，ABB 和 AABB 三种。

同时，张家界还有许多约定俗成的俗词、俗语、俗话。如：小孩撒尿称"涨水"，"打水跟头"（水淹死），"溜勾子"（顺着爬，讨好），"过会头"（结婚），"逗祸"（说假话，挑起矛盾），"白斥拉嘎"（苍白，没一点血色），"长尾巴"（生日），"刮毒"（很毒辣），"暗合"（好，恰到好处），"招合"（提防），"猴多"（贪多），"大皮"（粗心），"尿滴"（有麻烦），"乖乖儿"（玩具），"干不干得"（要不要得）等。

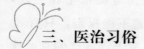

三、医治习俗

烧疗：烧火取暖，烧火做饭是常识，但张家界用火治病。

一是用火烧疮。小孩喜长蛇斑疮、蜘蛛疮。蛇斑疮又称"疱疮""蛋蛋疮",多长于人体腰际。俗话说:"蛇斑疮长对口,人到闯王面前走,"是种毒性很强的疮。蜘蛛疮多长于手、背、腿间,奇痒。蛇斑疮成带形,蜘蛛疮成环状。小孩长这两种疮后,请烧疮师烧。烧疮师点燃一盏桐油灯,把一截灯草在桐油里浸泡后在灯上点燃烧疮。烧蛇斑疮时用手指在小孩长疮的地方比划长短,再把手指揿在堂屋的木板壁上,把点燃的灯草朝两个手指间的板壁点下。板壁发出"炸炸"的响声,如此往复两三次,蛇斑疮治好了。烧蜘蛛是用手指在板壁上画一圆,把燃着的灯草往圆圈里戳。同样往复两三次,蜘蛛疮一样烧好。

二是烧胎。小孩头发发炸,眉毛搭蓬,面黄肌瘦,土家人称"走胎"或"跑脚了",即小孩的魂魄被怀胎妇人或怀胎的牛、猪等吸走。于是,请人烧胎,即把别的"胎"烧死,让魂魄回归。烧胎时烧胎师傅在屋堂前的禾场上放一个盛有青油的灯盏,剪下小孩的头发,手脚指甲放在灯盏内,再往灯盏中放一个用青线缠着的鸡蛋后点燃青油灯。烧胎师傅手拿一把油折扇,念念有词,绕灯盏顺跑三圈,反跑三圈,边跑边扇,青油燃烬后,鸡蛋烧炸壳。患儿吃下鸡蛋后,"胎"烧死。小孩慢慢恢复正常。"走脚"后,除烧外,还可把头发、手脚指甲剪下,用青布包起来,压在大石板下,"胎儿"不能动弹,"脚"就不走了。

走胎其实是缺钙。指甲、鸡蛋壳含钙,烧胎是给孩子补钙。偏头痛、牙疼、小儿惊风等张家界人也用烧疗。

　　文疗：小儿夜哭用"文"疗。婴儿父母请村里的教书先生用黄纸写上"天皇皇，地皇皇，我家有个夜哭郎，过路君子念一遍，一夜睡到大天亮。"写好后贴于要道处，过往行人都会驻足念上一遍。有些有夜哭症的小孩也见好转。

　　讨黑：小孩受惊吓后，熟睡时会出现一惊一咋的现象，父母给小孩讨黑。轻者，夜深人静时，父母抱着孩子在灶前向灶王菩萨三鞠躬，边鞠躬边说："灶王爷爷，灶王娘娘讨个黑，宝宝不再受惊吓。"念完用手摸上一点黑灶灰涂在小孩的眉心处。如果惊吓严重，请讨黑师傅讨黑。讨黑师傅在瓷杯里装上一杯米，用青布盖上，口中念念有词，手握瓷杯在小孩的眉头晃动，一会儿后，揭下青布，原来满满一杯米现出一个小凹，用米把小凹填满，又予往复。直到杯中米满满无凹洞时，讨黑成功，小孩睡梦中不再惊哭。

禁忌习俗

张家界是多民族混居地区，因而有许多禁忌习俗。

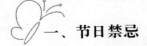
一、节日禁忌

节日禁忌集中体现在春节。小年后不打人，不骂人，不能说"没有""完了""死了"等。吃年饭时，要关门，不能有人喊门、敲门，否则家中有灾星。餐桌上杯、筷、碗不能少放。筷子不能掉，碗、杯等不能打破。掉筷子打破碗，新的一年中家里会"走人"（死去）。新年初一至初三，3天不扫地，不把水向屋外泼，洒在屋内地面上或用木桶装起。叫不把财往外倒，或谓水一年四季往外泼，留在家中住3天。正月初一至初三，妇女不做针钱活，不杀牲，不伤及生灵，谓之3天不见血。正月十五前，小孩理发不剃光头。初一不吃汤泡饭。杀年猪忌血少、咬舌头。磨年豆腐忌不清水。蒸年饭忌咕咕响等。

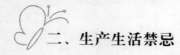
二、生产生活禁忌

做猪栏，工具忌放在猪槽内，进出猪栏要钻圈门，不能翻栏而过。

吃饭前后忌用筷子敲打碗碟。

不扛锄头，穿蓑衣，挑空水桶进屋。

堂屋的中柱是祖先的位子，不能靠。

火坑中的铁三角架是主人安居乐业的象征，不能踩。

堂屋忌用竹扫帚扫。

门槛特别是堂屋大门槛忌用刀砍。堂屋门槛忌女人特别是孕妇坐。

木匠的码凳忌坐，铁匠的钻子忌敲。

死者入殓时，忌猪接近尸体。老人亡故后，孝子3天不串门。

七月进屋的蛇、蛙是祖先，忌打，只能赶走。

家中有孕妇忌移动房中家具、钉钉子、用刀在大门槛上剁砍，否则会动胎气，婴儿眼睛瞎、破嘴唇。孕妇丈夫在外不打蛇，不抬柩。孕妇忌接触寿衣，忌坐新婚床等。

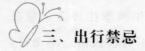
三、出行禁忌

土家人有七不出，八不归之忌。即逢七不出行，遇八不归家，出门选择良辰吉日。做生意，赶考忌刚出门就打转身，忌路逢女人。

出门忌见崩山、溃堤、垮坝。

忌见蛇交配,碰见"蛇葛索不死也要脱层壳(皮)。"此时,土家人一般会叫树看,或把蛇双双打死,让它们自己填坑。

请郎中来家治病的途中忌见扛锄头,挑撮箕的人,抓的中药不能提到别人家等。

四、语言禁忌

早上见蛇,要叫"长虫"或"溜子"。见虎叫"大猫""大虫"。见猴叫"爪"。新年忌讲"死、杀、砍脑壳、鬼怪等。"在长辈面前不能说"老""老子。"女人生产时,不能说"卡"。船上忌讲"翻、沉、漏"等。船上炒菜翻动锅铲要改说:"打调",做饭的炉子,"炉"与"漏"谐音,要改说"黑宝"。看病人忌说"不行了、完了"。晚辈忌呼长辈名等。

五、其它禁忌

杨公忌不宜下种,认为这天下种不利庄稼生长。杨公忌从正月十三日起算,每隔28天1个。五月初五日为正杨公忌。"逢戊不动土,逢六不宰牲。"即六十甲子中的戊日不修屋,修坟等。每月有六的日子不宰杀牲畜。因中国素有六畜之说,逢六宰牲触犯牲畜本命。

忌讳36,红白喜事写人情账时,遇上"36",记账先生会用假名替代。

吃完饭后碗忌反扣。

月婆禁吃重冠鸡、芦花鸡和鸡头。

摆饭桌时忌把桌缝对着门。

夫妻在娘家或他人家忌同房。

给朋友送礼物忌送伞，因"伞"与"散"谐音。

男女忌同坐一条板凳，或相对坐视。

男人的头，女人的腰忌被女人、男人触摸。张家界有"男人的头，女人的腰，只能看，不能挠"之说。男人的头让女人摸了背时，女人腰让男人摸了，说明女人不守妇道。

扁担忌女人坐。

堂屋门前忌栽一棵树。

请人吃饭，菜忌做三、七、八碗。三碗谓亡，不吉利。七强八盗，做七、八碗菜是待偷盗之人，侮辱人，客人不高兴。

字纸忌踩踏。字是孔圣人发明的，踩了会瞎睛，字纸要用专用的字葬炉烧。字纸也不能擦屁股，擦屁股后会黑肚皮，读不进书。

后 记

张家界不仅山水风光如画,而且历史悠久,民族文化底蕴深厚,民俗风情绚丽多彩。

近几年来,金克剑、陈自文、李书泰、宋泓锡、罗长江、戴楚州、吴远干、周保林、向延振、向海州、袁奋、钟以轩等一批有志之士,挖掘整理出版了《文化张家界》《张家界民间传统礼俗》《庸国荒史研究》《自然风水学》《张家界读本》《土家地区名胜大观》《镇海龙》《张家界市情大词典》《赵家垭奇观》《桑植民歌》等一批关于张家界民族历史文化研究的专著。他们或从宏观揭示了张家界民族历史文化发展的脉络;或从某一个历史层面展示了土家文化的繁荣精彩;或从某一个历史事件、历史人物体现土家文化的精髓。有的在国内外学术界引起反响,有的在游人中引发热议。民族历史文化的挖掘、整理、出版正借如火如荼的旅游之势呈燎原之态。

20万年前慈利县金台村文化,10万年前桑植县朱家台文化，新石器时代永定区古人堤文化等，雄辩证明张家界具有史前文明的良好生态。这条来自洪荒而又不断流向未来的历史长河，积淀和发展了张家界底蕴深厚的民族民俗文化，随着社会历史发展的不断演绎和传承，愈加生动活泼，多彩多姿。

传播正能量的民族文化是一个民族兴旺发达、奋发向上的体现，是一个民族勇于创新、不断图强的标志。

民族文化包含多元，民俗文化是绚丽多彩的民族历史文化中的一朵奇葩。民俗文化以民族历史文化为母体，繁衍发展；民族历史文化以民俗文化为舞台彰显活力、生动、大众等属性。民俗文化是民族历史文化研究的一个分支，挖掘、整理、出版民俗文化书籍是对民族历史文化、民俗文化的一种传承。基于这种认识，笔者搜集、整理、出版《张家界民俗采英》一书。

本书重在"俗"。这种"俗"是市域内基本大同小异，广泛流传之"俗"。这种"俗"原汁原味，充满生活气息。编著中在尊重俗源、俗史、俗风、俗词、俗序之时，对俗因俗序做了一些窄幅探讨，特别是对"建房习俗""婚嫁习俗""丧葬习俗"等做了一定的探究，力求体现某个习俗的完整性。吾生于乡，长于乡。儿时唱过花灯，从小受到土家民俗文化的熏陶。参加工作后，当过乡村民办教师，县委宣传部新闻干事，县委办公室副主任，县旅游局局长，亦长年奔波于乡村，一次次亲历了多种民俗文化活动，有机会寻找民俗文化在历史长河中留下的步履足迹。尔后，在张家界日报社工作时，下乡采访，亦多次听到民俗文化的枝枝叶叶的介绍。因而本书能编著成功，与我较为丰富的人生经历分不开。

同时，我的许多亲人对某个方面的民俗文化了解颇多。大舅 卢志祥 是慈利县岩泊渡有名的瓦匠。我高中毕业回乡务农，曾要求拜他为师学艺。他另眼相看，要我把修屋时告磉磴、上梁、抛梁粑粑等歌词背熟后，再拿瓦刀。后来，村里办学校，要我当民办教师，才没有学瓦匠，但舅舅告诉我的词儿却记在了肚子里。吾姨妈之子高冬初是木匠，从他那儿也了解到了一些建房习俗文化。二舅 卢国君 曾是礼生，从他那儿了解了一些礼仪及婚嫁习俗。岳母 谢四姑 有点文化，是五里冲哭嫁的一把好手，曾听过她如诉如唱的哭嫁，她也传告了不少"哭词"。弟弟熊仁发20世纪90年代寻师学过一些礼俗，现是村里各家各户办红白喜事的督倌……这些亲人的传告为吾编著本书打下了基础。

在编著本书时，又采访了民俗文化研究者、了解者宋彦璋、张不大、李书泰、熊仁发、高冬初、王文钊、庹先明、王星、熊仁华、吴春来、卓儒林、薛春元、熊青春等，参阅了《中国民俗采英录》《中国歌谣集成湖南卷慈利县资料本》《张家界民间传统礼俗》《桑植民歌》《张家界市志》《桑植县志》《赵家垭奇观》《慈利县志》《大庸县志》等。校正补充保证某一习俗的完整性和基本准确性。

张家界是世界风景明珠，四海游人在了解张家界精美绝伦的山水文化的同时,渴望了解张家界民俗文化,以满足不断增长的旅游心理需求。《张家界民俗采英》的出版发行或许对这种需求能起到一点填补的作用。

由于民俗文化,大多是口头流传,难免有别,甚至有误之处,敬请谅解。最后,向为编著本书提供帮助的亲人、朋友和有关研究者以及曾参阅过的文献资料的作者,致以感谢!

熊仁先

2016 年元月 8 日